占いで強運をつかむ

中園ミホ

Nakazono Miho

マガジンハウス

占いで強運をつかむ

中園ミホ

占いは人生を輝かせるツール

あなたは占いを信じますか？

「スピリチュアル？　運命を知るのはちょっと怖くて」
「わたしは生まれつき運が悪いから」
「占い？　オレは〝持ってる男〟だから、いらない」

占いにまつわるイメージはそれぞれでしょうが、占いの世界をそっとのぞいてみてください。というのも、わたしがこうして脚本家の仕事がつづけられるのは、じつは占いのおかげ。これまでの人生の、あらゆるシーンで、占いを信じ、占いに教えられるままに、行動してきたからです。

わたしと占いについて、くわしくお話ししましょう。

28歳で脚本家デビューしましたが、それまでは、じつは占い師をやっていました。師事したのは、占いの大家、今村宇太子先生です。わたしが19歳のときに他界した母が、今村先生とは親しい友だちでした。よくわが家にも遊びにいらしていましたが、あるとき先生が緑色の手帖をご覧になりながら、わたしのことを占ってくださいました。

それが誰も知らないはずのわたしの心のうちまで、ずばり言われたのです。まだ中学生だったわたしは、感激してすぐに占いを教えてほしいとお願いしました。

「まだ幼すぎる」と断られたのですが、好奇心が膨らみ、先生が席を外したすきに、こっそりと手帖をのぞいていたら、

「そんなに知りたいなら教えてあげます」

と、占いの手ほどきをうけることになり、そこから必死で勉強しました。

わたしが今、占いをするときに使うのは、中学生の頃に先生の手帖から書き写したノートです。

高校、大学と進学して、ちいさな広告代理店でOLをしていましたが、自分のふがいなさにあきれて、1年3か月で自主退職しました。そのあと、物書きを目指したものの、なかなかものにならず、24歳のときから、週3日ほど今村先生のアシスタントをしていました。お茶を淹《い》れたり、占いのデータを調べたりするうちに、お金をいただいてお客さんを占うようになりました。

脚本家になってからのわたしは、おもに自分のために占いをしてきました。ドラマの出演者の運気を占ったり、スタッフとの相性をチェックすることもありました。

脚本家デビューしたタイミングも、NHK朝の連続テレビ小説の執筆をやり遂げられたのも、大河ドラマが決まったのも、全部占いを知っていたおかげなのです。

そして、60歳になって、これまでの人生をふり返ると、どれだけ占いに導かれてきたか、ほんとうによくわかりました。

これまでは自分だけ、あるいはお友だちや仕事仲間に頼まれて、こっそり占ってきただけでしたが、もっとたくさんの人たちに、

「占いを生かして幸せをつかむ秘訣」をお伝えしたいと、思いがよぎるようになりました。

年齢を重ね、たくさんの人に出逢い、さまざまな経験をした今だからこそ、占い師をもう一度やってみようと思えたのです。そしてなによりも、みなさんにもっとしあわせになってもらいたいから。

占いの素晴らしさをたくさんの人に知ってもらいたくて、2019年夏から、占いサイト「中園ミホ　解禁!女の絶対運命」をはじめました。

わたしはこの32年間で、たくさんのドラマのシナリオを書いてきました。『やまとなでしこ』『ハケンの品格』『ドクターX　外科医・大門未知子』『花子とアン』『西郷《せご》どん』など、視聴者のみなさんに愛していただけた作品を書けたのも、わたしが占いを使いこなして、人生のターニングポイントをうまく回ってきたからだと自負しています。

占い好きな方は大勢いると思いますが、いまひとつ、実生活に生かしきれていないな、というのがわたしの実感です。わたし自身は、ほんとうに占いをフルに生かしてきたので、そのもったいなさがよくわかります。そのことをみなさんにも知ってほしくて、この本を書くことにしました。

占いの結果を聞いて一喜一憂するだけでは物足りない。いちばん大事なのは、占いをどう読み解いて、どんなふうに人生に生かすかにかかっています。この本でみなさんにお伝えしたいのは、「占い」そのものではなくて、「占いを人生に生かす秘訣」なのです。

今までにはない視点で、占いを読み解いていきます。

わたしの占いは、霊感でもタロットでも、占星術でもありません。今村宇太子先生から教わった、中国から伝わった四柱推命と気学をベースに開発された独自の数気学です。占うことでわかるのは、上下する運気の波とタイミングです。

一度きりの人生をあなたらしく、しあわせになるツールとして、この占いがお役に立てることでしょう。

占いが大好きでこれまで個人鑑定をうけたことがある人も、占いとはちょっと距離をおいてきた人も、どちらも読み進めていただきたいと思います。

まずは次の章で、12年で一周する自分の運気の流れを確かめてみてください。そのあと、占いをどんなふうに読み解くか、そしてどう行動するか「運を磨く」にはどうすればいいのかを12か条にまとめました。

あなたがしあわせになる人生のシナリオを書くために、そっと背中を押すことができたら。成功の階段を上がる、その足元を照らすことができたら。

この本がそんなきっかけになることを願っています。占いというツールを使いこなして、あたらしい人生の扉を開きましょう。

中園ミホ

占いで強運をつかむ　目次

占いは人生を輝かせるツール――3
自分の運気を知りましょう――17
12周期で運気の流れを見る――18
あなたの運命数と12周期、運命星の調べ方――24
生年月日表――25
運命数別12周期――27
12周期の運勢――28
占いで人生を変える12か条――31
1
運気の波に乗りなさい――32
運には賞味期限がある

占い師アシスタント時代
成功者は占いが大好き
空亡の時期にも前向き
脚本家への転身は占いがきっかけ
占いであなただけの幸運をつかみましょう

2
占いは信じたほうが得です——44
チャンスはすべてつかむ、そのためにできること
林真理子さんと松任谷由実さんに占いはいらない
運気を知ってメリハリをつける
占いで大穴を的中させていた
阿川佐和子さんは占いを信じて、しあわせに
ぐずな女が自分の人生に向き合うとき

3
複数の占いを使いこなしなさい——54
わたしが好きな占い師

4

空亡期の過ごし方がたいせつ

旅先でも占ってもらう
自分に合う占いを見つけるコツ、脅す占いはダメ
負のエネルギーは全開に燃やして、パワーに変える
空亡期は占い師に会いに行かないで
占いとセラピー効果
占い師とのつきあい方
占いは言葉で届く、相性で選んで
空亡期は決して恐れることはない
空亡期の正しい過ごし方
与えられた宿題は「朝ドラ」の執筆
苦手なことばかりが襲ってくる
空亡期の宿題だとわかっていたから踏ん張れた
空亡期の宿題をこなすと、世界が広がった
『やまとなでしこ』は空亡ブレイク
空亡期に出世してしまったら
空亡期に素敵な出逢いがあったら

5
運命は変えられる —— 84
強い運の人、弱い運の人
運気を上げたいと思ったら
Xプロデューサーの開運術
いい気が流れているものにも触れて
落ち込んだときこそ、外に出ましょう

6
金運はお金持ちからもらいなさい —— 94
研究① 林真理子さんからお財布をもらったら
研究② Xプロデューサーからもらったら
結論 お金持ちから財布をもらうと金運はアップするが、
お金遣いも移るので注意が必要
お金持ちの財布の色は緑
モテる女性のお財布の色はピンク

7
運が悪い人には近づかない――102
悪い運の人が近寄ってきたら
仕事関係の悩み
ネガティブループな人とは、縁を切る
人間関係の断捨離も

8
相性を信じるのはやめなさい――112
どちらかが運をあげていることがほとんど
空亡期のとき、プロポーズされたら
恋愛は自由。略奪もありだけど、覚悟の上で
あきらめきれない恋の行方と期日

9
スピリチュアルなパワーを上手に使いなさい――124
大好きな向田邦子さんのこと

自分は言霊で書かされていることがある
沖縄の御嶽で神がおりてきた
霊感のある人に会うのはいい
パワースポット巡りはしない

10 運気に深呼吸をさせなさい —— 136

うまくいかないときは日常に小さな変化を起こす
美術館、小旅行、海辺の波音
空亡期の「変化」について
わたしのリフレッシュ法、盛り塩とスイミング
謙遜は運を育てない

11 占いで長期プランを立てなさい —— 144

つらい時期は2年と思えば、がんばれる
空亡期なのに何も起こらないと感じたら
目先のことだけ占うなんてもったいない

12
いま、ふり返ると出産は大きな転機だった
占いを使って夢をかなえなさい――154
空亡の顔をしているわたし
占いで人生の年表をつくる
還暦になってわかった師匠の教え
ほんとうは運がいいあなたへ
中園ミホの12周期年表――162
あなたの年表を作りましょう――164
中園ミホ　運命星　オリジナル占い――167
あとがき――188

カバーデザイン
小口翔平＋岩永香穂
（tobufune）
本文デザイン
高橋明香（おかっぱ製作所）
編集協力
田村幸子
高見薫（株式会社CAM）

自分の運気を知りましょう

占いで大事なのは、運気の流れを知ること。その日、その月の運勢がどうかということよりも、もっと長いスパンで運の上がり下りを見るのです。四柱推命を使えば、それがわかります。

12年周期で運気の流れを見る

なにをやってもうまくいくときと、すべてが八方ふさがりなとき。

実力以上のことができたり、自分だけの努力ではどうにもならないことが起きてしまったり。

運がよかった、運が悪かった。

わたしたちがふだんの会話でなにげなく口にする「運」とは、いったいどういうものでしょうか。

じつは運というものには「流れ」があるのです。ずっと幸運がつづくこともなければ、いつまでも不運がつづくこともありません。季節がめぐるように、運も移ろうということをぜひ知っておいてほしいのです。

運気には流れがあるということがわかると、いまつらいことばかりで不運にあがいていても、きっとつぎは這い上がれると思えるでしょう。運気というのは、じっとそこで止まっていることはないし、流れているからこそ、誰もが明日を信じられるのです。

お気づきでしょうか。運気が流れているということは、運がいい人もいなければ、運が悪い人もいないし、運が悪いことばかりがずっとつづくこともないのです。

向かい風のときもあれば、追い風のときもある。向かい風が吹いたら、つぎは追い風が必ず吹くというのが、運気なのです。

みなさんはふだん占いのページやサイトなどで、「今日の運勢」や「今月のラッキーデー」などを見て、一喜一憂していませんか。

それもいいですが、もっと長いスパンで、「運気」ということを意識して、占いとつきあっていただきたいのです。なぜなら、占いは、しあわせな人生を送るためにあるものだから。

目先の小さなしあわせも大事ですが、それよりも、トータルの人生でしあわせなほうがいいと思いませんか。

さまざまな占いがありますが、運気を見るのには、四柱推命がいちばん向いていると思います。わたしが四柱推命に惹《ひ》かれたのは、その運気の流れと周期がとてもわかりやすいからです。中国何千年という暦のような、戸籍のようなものを調べた統計がもとになっているので、当たるのです。

わたしの占いは、この四柱推命をベースに、気学と数気学を加えた今村宇太子先生独自の手法です。そこにわたしなりの解釈を交えています。

四柱推命は12年をひとつの周期としてみます。

立春（毎年2月3日前後）を年始めとして、1年ごとに、〈胎生《たいせい》〉〈童幼《どうよう》〉〈縁起《えんぎ》〉〈衰勢《すいせい》〉〈極楽《ごくらく》〉〈餓鬼《がき》〉〈回帰《かいき》〉〈天恵《てんけい》〉〈老熟《ろうじゅく》〉〈逢魔《おうま》〉〈空亡《くうぼう》〉〈未明《みめい》〉という年運が巡ります。

自然界に季節があるのと同じように、人の人生にも、冬があり、春があり、夏があり、秋があり、また冬が巡ってきて、やがて春がくるという四季があるのです。冬にひまわりの種を植えたところで花は咲かないでしょう。

冬は冬で、やるべきことがあって、それはつぎの花を咲かせるための、収穫を得るための準備の期間なのです。

その冬にあたる時期が「空亡期」です。わたしの占いでは、〈逢魔〉と〈空亡〉の2年間を空亡期としています。

空亡期には、さまざまな人生の宿題が用意されていて、それに懸命に取り組んでクリアすることで、次の10年間には収穫が得られる、そういう流れになっているのです。この時期は嫌なことや、大変な苦労がつづくかもしれませんが、それはあなたにあたえられた、2年間でやりとげなさい、という宿題なのです。

この時期をどう過ごすかで、人生は大きく変わってきます。次からの章で詳しく説明していきますが、この空亡期で頑張れた人は、次の周期のスタート位置が格段に上がっています。

12年周期は巡りますが、同じ高さで巡っているわけではないのです。年を重ねるにつれ、右肩上がりにどんどんステージが上がっていくイメージです。次のページに運気を流れを示した図を入れました。こちらを見ていただくとわかりやすいと思います。

四柱推命では、細かく調べれば、空亡の月や日もわかります。けれども、一般的に

12年周期での運気の流れ

12年をひとつの周期として見たときの大まかな運気の流れです。時期によっての多少の上下はありますが、なんといっても〈逢魔〉〈空亡〉の空亡期が「人生の正念場」。空亡期は大変なことが多いかもしれませんが、与えられた宿題として捉え、やり遂げることができれば、この後の運気はどんどん上がっていきます。

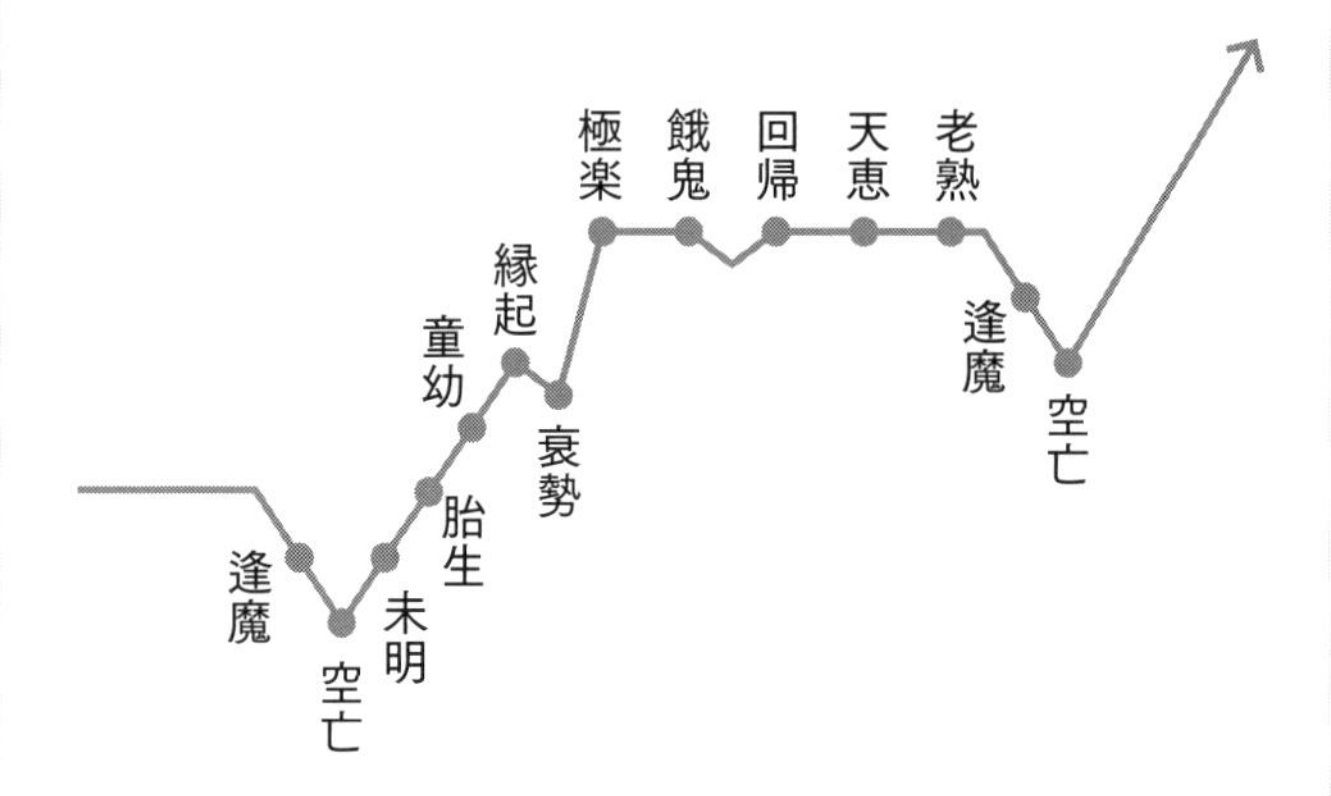

空亡期を乗り越えられると…

空亡期は12年に一度、誰にも平等に巡ってきます。苦労はあっても必ず乗り越えられるとわたしは信じています。そして、空亡期は同じ高さで巡っているのではなく、頑張って乗り越えると次の周期のスタート位置が一段上がり、人生のステージもだんだんと上がっていくのです。

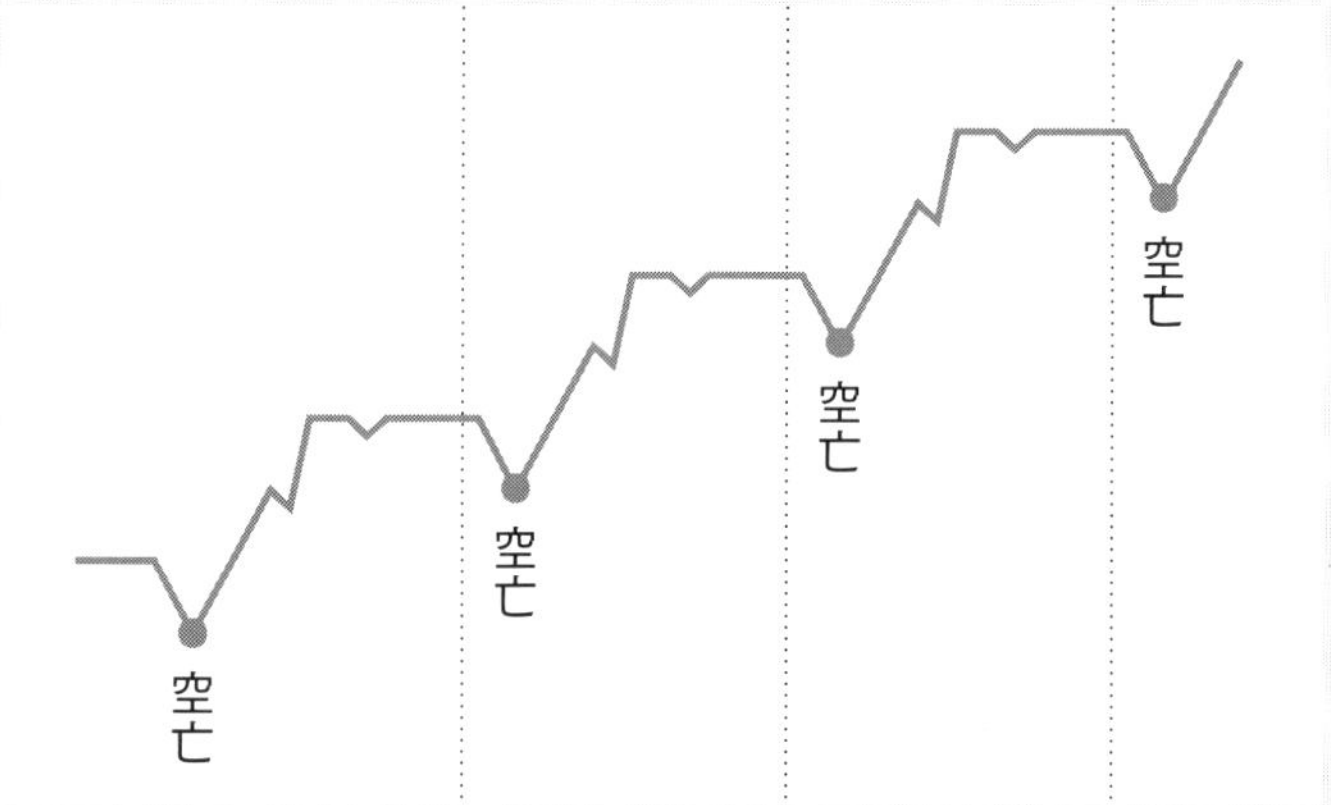

は、12年周期でおおまかに空亡期を知っておくだけで十分です。

空亡期がいつ来るかがわかっていれば、なにが起ころうとも心構えができるし、空亡真っ最中の人は、どう行動したらいいか慎重に考えることができます。空亡を中心に過去をふり返ったり、未来に想いをはせたり、人生を長い目で見て考えることは、人生100年と言われるいまの時代、ますます重要なことになってくると思います。

では、さっそくあなたの12年周期を調べてみましょう。周期は「運命数」からわかります。調べ方は次の24～26ページを参照してください。

27ページの図で空亡期の2年間は、グレーになっています。また、幸運期にあたる〈縁起〉〈極楽〉〈天恵〉には、◉マークをつけました。この時期をわたしは「福寿縁《ふくじゅえん》」と呼んでいます。12の周期それぞれの基本の運勢は、28ページから載せてあります。

新しい年は1月1日ではなく、立春（毎年2月3日頃）から始まるので注意してください。

「運命星」は、167ページからの「中園ミホ　運命星　オリジナル占い」を見るときに使います。

あなたの運命数と12周期、運命星の調べ方

1 まず、25~26ページの「生年月日表」で、生まれ年と生まれ月が交わる欄の数字をみます。

2 その数字に誕生日を足します。60を越える数字になった場合は、60を引きます。その数字があなたの「運命数」です。

3 27ページの表で、自分の周期を確かめてください。生まれ年の末尾が偶数か奇数かで違いますので、注意してください。

4 また、下の表の運命数から、該当する「運命星」を見つけてください。167ページからの占いは、この星別になっています。

1973年5月7日生まれの場合

①生年月日表の 1973 年 5 月を見ると「33」。
② 33 + 7 = 40 で、運命数は「40」
③奇数年の生まれなので、27 ページの図では上から 8 番目の周期になります。
次の空亡期は 2024 年の立春から 2026 年の立春前まででです。
④下の表で「運命星」を見ると「霧」になります。

運命星	運命数					
木	1	11	21	31	41	51
草	2	12	22	32	42	52
太陽	3	13	23	33	43	53
灯	4	14	24	34	44	54
山	5	15	25	35	45	55
畑	6	16	26	36	46	56
金	7	17	27	37	47	57
宝石	8	18	28	38	48	58
川	9	19	29	39	49	59
霧	10	20	30	40	50	60

生年月日表

	1月	2月	3月	4月	5月	6月	7月	8月	9月	10月	11月	12月
1931	52	23	51	22	52	23	53	24	55	25	56	26
1932	57	28	57	28	58	29	59	30	1	31	2	32
1933	3	34	2	33	3	34	4	35	6	36	7	37
1934	8	39	7	38	8	39	9	40	11	41	12	42
1935	13	44	12	43	13	44	14	45	16	46	17	47
1936	18	49	17	49	19	50	20	51	22	52	23	53
1937	24	55	23	54	24	55	25	56	27	57	28	58
1938	29	0	28	59	29	0	30	1	32	2	33	3
1939	34	5	33	4	34	5	35	6	37	7	38	8
1940	39	10	39	10	40	11	41	12	43	13	44	14
1941	45	16	44	15	45	16	46	17	48	18	49	19
1942	50	21	49	20	50	21	51	22	53	23	54	24
1943	55	26	54	25	55	26	56	27	58	28	59	29
1944	0	31	0	31	1	32	2	33	4	34	5	35
1945	6	37	5	36	6	37	7	38	9	39	10	40
1946	11	42	10	41	11	42	12	43	14	44	15	45
1947	16	47	15	46	16	47	17	48	19	49	20	50
1948	21	52	21	52	22	53	23	54	25	55	26	56
1949	27	58	26	57	27	58	28	59	30	0	31	1
1950	32	3	31	2	32	3	33	4	35	5	36	6
1951	37	8	36	7	37	8	38	9	40	10	41	11
1952	42	13	42	13	43	14	44	15	46	16	47	17
1953	48	19	47	18	48	19	49	20	51	21	52	22
1954	53	24	52	23	53	24	54	25	56	26	57	27
1955	58	29	57	28	58	29	59	30	1	31	2	32
1956	3	34	3	34	4	35	5	36	7	37	8	38
1957	9	40	8	39	9	40	10	41	12	42	13	43
1958	14	45	13	44	14	45	15	46	17	47	18	48
1959	19	50	18	49	19	50	20	51	22	52	23	53
1960	24	55	24	55	25	56	26	57	28	58	29	59
1961	30	1	29	0	30	1	31	2	33	3	34	4
1962	35	6	34	5	35	6	36	7	38	8	39	9
1963	40	11	39	10	40	11	41	12	43	13	44	14
1964	45	16	45	16	46	17	47	18	49	19	50	20
1965	51	22	50	21	51	22	52	23	54	24	55	25
1966	56	27	55	26	56	27	57	28	59	29	0	30
1967	1	32	0	31	1	32	2	33	4	34	5	35
1968	6	37	6	37	7	38	8	39	10	40	11	41
1969	12	43	11	42	12	43	13	44	15	45	16	46
1970	17	48	16	47	17	48	18	49	20	50	21	51

	1月	2月	3月	4月	5月	6月	7月	8月	9月	10月	11月	12月
1971	22	53	21	52	22	53	23	54	25	55	26	56
1972	27	58	27	58	28	59	29	0	31	1	32	2
1973	33	4	32	3	33	4	34	5	36	6	37	7
1974	38	9	37	8	38	9	39	10	41	11	42	12
1975	43	14	42	13	43	14	44	15	46	16	47	17
1976	48	19	48	19	49	20	50	21	52	22	53	23
1977	54	25	53	24	54	25	55	26	57	27	58	28
1978	59	30	58	29	59	30	0	31	2	32	3	33
1979	4	35	3	34	4	35	5	36	7	37	8	38
1980	9	40	9	40	10	41	11	42	13	43	14	44
1981	15	46	14	45	15	46	16	47	18	48	19	49
1982	20	51	19	50	20	51	21	52	23	53	24	54
1983	25	56	24	55	25	56	26	57	28	58	29	59
1984	30	1	30	1	31	2	32	3	34	4	35	5
1985	36	7	35	6	36	7	37	8	39	9	40	10
1986	41	12	40	11	41	12	42	13	44	14	45	15
1987	46	17	45	16	46	17	47	18	49	19	50	20
1988	51	22	51	22	52	23	53	24	55	25	56	26
1989	57	28	56	27	57	28	58	29	0	30	1	31
1990	2	33	1	32	2	33	3	34	5	35	6	36
1991	7	38	6	37	7	38	8	39	10	40	11	41
1992	12	43	12	43	13	44	14	45	16	46	17	47
1993	18	49	17	48	18	49	19	50	21	51	22	52
1994	23	54	22	53	23	54	24	55	26	56	27	57
1995	28	59	27	58	28	59	29	0	31	1	32	2
1996	33	4	33	4	34	5	35	6	37	7	38	8
1997	39	10	38	9	39	10	40	11	42	12	43	13
1998	44	15	43	14	44	15	45	16	47	17	48	18
1999	49	20	48	19	49	20	50	21	52	22	53	23
2000	54	25	54	25	55	26	56	27	58	28	59	29
2001	0	31	59	30	0	31	1	32	3	33	4	34
2002	5	36	4	35	5	36	6	37	8	38	9	39
2003	10	41	9	40	10	41	11	42	13	43	14	44
2004	15	46	15	46	16	47	17	48	19	49	20	50
2005	21	52	20	51	21	52	22	53	24	54	25	55
2006	26	57	25	56	26	57	27	58	29	59	30	0
2007	31	2	30	1	31	2	32	3	34	4	35	5
2008	36	7	36	7	37	8	38	9	40	10	41	11
2009	42	13	41	12	42	13	43	14	45	15	46	16
2010	47	18	46	17	47	18	48	19	50	20	51	21

運命数別12周期

運命数	生年の末尾	2020	2021	2022	2023	2024	2025	2026	2027	2028	2029	2030	2031
1〜10	偶数	胎生	童幼	縁起◉	衰勢	極楽◉	餓鬼	回帰	天恵◉	老熟	逢魔	空亡	未明
1〜10	奇数	未明	胎生	童幼	縁起◉	衰勢	極楽◉	餓鬼	回帰	天恵◉	老熟	逢魔	空亡
11〜20	偶数	縁起◉	衰勢	極楽◉	餓鬼	回帰	天恵◉	老熟	逢魔	空亡	未明	胎生	童幼
11〜20	奇数	童幼	縁起◉	衰勢	極楽◉	餓鬼	回帰	天恵◉	老熟	逢魔	空亡	未明	胎生
21〜30	偶数	極楽◉	餓鬼	回帰	天恵◉	老熟	逢魔	空亡	未明	胎生	童幼	縁起◉	衰勢
21〜30	奇数	衰勢	極楽◉	餓鬼	回帰	天恵◉	老熟	逢魔	空亡	未明	胎生	童幼	縁起◉
31〜40	偶数	回帰	天恵◉	老熟	逢魔	空亡	未明	胎生	童幼	縁起◉	衰勢	極楽◉	餓鬼
31〜40	奇数	餓鬼	回帰	天恵◉	老熟	逢魔	空亡	未明	胎生	童幼	縁起◉	衰勢	極楽◉
41〜50	偶数	老熟	逢魔	空亡	未明	胎生	童幼	縁起◉	衰勢	極楽◉	餓鬼	回帰	天恵◉
41〜50	奇数	天恵◉	老熟	逢魔	空亡	未明	胎生	童幼	縁起◉	衰勢	極楽◉	餓鬼	回帰
51〜60	偶数	空亡	未明	胎生	童幼	縁起◉	衰勢	極楽◉	餓鬼	回帰	天恵◉	老熟	逢魔
51〜60	奇数	逢魔	空亡	未明	胎生	童幼	縁起◉	衰勢	極楽◉	餓鬼	回帰	天恵◉	老熟

＊新しい年は立春から始まります（毎年2月3日頃）　＊グレーの部分が「空亡期」、◉マークは「福寿縁」

12周期の運勢

胎《たい》生《せい》

厄の時期を乗り越えいい方向に変わり始める時期。恋愛・仕事などあらゆる面のスタートに最適です。この時期に始めたことや知り合った人は、後々あなたの人生の糧になり、大きな影響を与えます。逆にこの時期に何もしないで動かないでいると、これから先の成長に歯止めがかかってしまうので注意しましょう。

童《どう》幼《よう》

幼い子供がぐんぐん成長していくような運の上昇期。意欲的な行動・学びを心がけると運気が後押ししてくれて、自分のステップアップにつながります。ただし、調子がよいからといって注意を怠ると、足元をすくわれてしまうことも。好調な時こそ、自分を見直すように心がけてください。

縁《えん》起《ぎ》

「福寿縁」にあたる幸運な時期。これからの方針・運気を決める重要な時期。今までの努力を振り返り、次のステップに向けて決断する時でもあります。このタイミングで得たものは一生あなたの手に残り、恵みをもたらします。受け身はもったいない。自ら動いてチャンスをつかみ取って。

衰《すい》勢《せい》

胎生以来、頑張り続けたあなたの疲れが現れる、小さな厄時期。これまで忙しくしてきた自覚があったら、

健康診断や病院の検診に行くようにしてくださ
い。対人面ではストレスを抱え過ぎる前に休憩を
心がけて。次は幸運の福寿縁、今からコンディショ
ンを整え準備するといいでしょう。

極楽《ごくらく》

運気は最高潮の「福寿縁」の時期。あなたが何をしようとしてもスムーズに進み、目的を達成して評価も得られるでしょう。勝負事は勢いに身を任せて積極的に進めて大丈夫です。これまで努力を重ねて来た人には幸運が訪れますが、他人を思いやらず恨みを買っていると、トラブルに見舞われることも。

餓鬼《がき》

福寿縁の好調から一転、息継ぎが必要な小さな厄時期。浮かれていると普段しないミスを連発します。イライラすることも多くなるので、不安定で気持ちが落ち着かないかもしれません。軽率な行動をすると、不倫や三角関係などでトラブルに巻き込まれる可能性も。判断力も衰える時、無理は禁物。

回帰《かいき》

再び運気が上昇する第2の出発点。モヤモヤしていた人も変化を実感できます。これまで歩んできた道のりが今後の運気を左右するため、努力してきた人にはきっとチャンスが訪れます。愛情面は見直しのいい機会なので、失敗も挽回できます。この頃の出逢いは後の人生に影響があるので大切に。

天恵《てんけい》

「福寿縁」にあたる幸運期。これまでの頑張りが評価に結びつき、あなたへ返ってくるでしょう。特にお金に恵まれる絶好の機会、出逢う人たちの経済力も要チェックです。幸運の実感がない人は注意が必要。人の恨みを買ったり、タブーを犯したりしていないかこれまでの行いを振り返ってみてください。

老熟《ろうじゅく》

回帰から天恵でつかみ取った幸運が安定します。身も心も穏やかに、次に来る厄時期に備える時期。自分にとって大切なものと要らないものがはっきりわかるときでもあります。パートナーがいる人は、空亡期に入る前のこのタイミングで結婚へ進めてください。この先の新しいチャレンジは厳禁、今の生活を楽しむように心がけて。来たる冬に備えて、金銭の蓄積、体力回復に努めてください。

逢魔《おうま》

凶運期の始まり。といっても、大きすぎるトラブルの実感はまだまだこれから。この時期から運気が急速に衰え始めます。特に人からだまされやすく、人間関係のトラブルで自分を見失ってしまうことも。出逢いはワケありの場合があるので警戒して。どうしても動かなければいけない時は、流れに逆らわず慎重に進めること。

空亡《くうぼう》

凶運期の中で最も警戒しなければいけない時期。どうあがいても好転せずに、深みにハマり込んでしまうことも。じっと今の状況に身を任せて心静かに過ごすよう努めましょう。悪いことが起こっても、厄払いだと思ってしっかり受け止めて対応していくと後の幸運に結びつきます。この時期の過ごし方がもっとも重要。周囲の声を聞き、感謝を大切にしてください。

未明《みめい》

長く続いた凶運期が終わり、明るい兆しが見え始めます。まだでも新しいチャレンジがしたくなっても、まだじっと我慢が賢明です。凶運期の間に起こったドラマチックな出来事や出逢いは、先がないと思ったらここでリセットし、けじめをつけてください。まだまだ油断は禁物、次の運気に向けて前向きな心持ちを忘れずに。

占いで人生を変える12か条

占いは、意識して上手につかいこなせば、
しあわせな人生を歩む道しるべになります。
自分の運気とどうつきあっていくか、
12の大切なルールと心構えをお伝えします。

1

運気の波に乗りなさい

運気の波をつかまえて乗りこなせるか、
大波にさらわれてしまうかは、あなたしだい。
運の周期を知って、チャンスをつかみましょう。

まるで神様にひいきされているような強運な人、ツキに見放されたような不運な人。どちらもあなたのまわりにいませんか。

占い師のわたしからみたら、とくべつに運がいい人も、悪い人もいなくて、ただたんに運気がアップしたりダウンしたりするだけなのです。もっといえば、じつは運の種類や分量は、どなたもほぼ同じ。こんなことを明かすと、驚かれるかもしれませんね。

では、なにが違うのかというと、運をピークでつかまえられるかどうか、そこの差が運のいい人、運の悪い人の、分かれ道なのです。

運には賞味期限がある

これはわたしの持論ですが、「運には賞味期限がある」ということ。とっておきのキャビアだって、お気に入りのショコラだって、冷蔵庫の奥にしまっておいたら、いつの間にか干からびてしまいます。それは運気だって同じ。ほんとうにおいしくいただける期間は、もっと短くて、シャンパンの泡みたいにはかないものかもしれません。

運は「生もの」だから、そう長くはとっておけない。だからこそ、運気の波、バイオリズムをあらかじめ知っておき、ここだと思ったら、ぐずぐずしないことがとてもたいせつです。

上級者のサーファーが天気図を読み、潮の流れや風の向きを感じながら、波を待つように、人生の波を乗りこなせるのが、強運な人だと思います。

サーファーが風向きや波のコンディションを予測するように、運気の波を乗りこなす天気図があるとすれば、それは占いではないでしょうか。

なかには、ものすごく強運な星ならびを持つ人もいますが、たいていの「運がいいな」「ツイてるな」「人生がうまくいっているな」という人たちは、自分の運の上下を直感的につかまえられる人なのです。

占い師アシスタント時代

これはわたしが二十代半ばに占い師をしていたころの話です。師匠の今村宇太子先生は、勝負事や数気学を占う大家でもあったので、個人鑑定にいらっしゃる8割ほどが男性のお客さまでした。

「男の人がわざわざ占い師にみてもらうの？」と、意外に思われるかもしれませんが、四柱推命や気学、数気学という占いの起源は中国にあって、もともとは争い事の戦術に使われていたのです。そのせいか、アジア圏の経営者や要人は、生年月日を公表しません。なぜなら、四柱推命で運気の弱っている時期を探られて、攻撃されたり、足を引っ張られたりするからだと教わりました。

今村先生のもとには、政治家や企業のトップなど、人生の成功者の男性たちが、こぞって相談にいらっしゃいました。

お茶を淹れたり雑用をしたり、また、その日にいらっしゃるお客さんのデータを下調べしたり、古い書物を読んで占いを勉強したりしていたのですが、時々、先生が蒼白な顔で私のところにやって、「もうダメ、きょうはあなたが占って」と、寝室に籠もってしまわれることがありました。というのも、先生はものすごく霊感の強い方なので、強烈な負の運気を持っているお客さんがいらっしゃると具合が悪くなってしまうのです。

そういうときは代わりに私が鑑定していました。

「あの部下は、自分を裏切らないか」

「自分の幸運期はいったいいつまで続くのか」

会社の事業相談、倒産、同僚の裏切り、人間関係、不倫、離婚……。

今思い返すと人生経験を積んでいない小娘が「占い」という地図だけを頼りに扱うには、シリアスな相談事ばかりでした。

占いは、普段の現実である表の世界に対する「裏の世界」であり、相談にやってくる人たちもまた、普段は誰にも見せない「裏側の顔」や「素顔」を占い師には見せてくれます。

高級そうなスーツをビシッと着こなした企業のトップの方がお金遣いの荒い奥さんや娘の結婚で悩んでいたり、母親の話で泣いたりする。私は人間ってチャーミングだなと思いました。

そして、どんな人にも、表と裏の顔があるけれど、私は光の当たっている美しい部分より、みっともなくて他人には見せられない「弱み」や「ほころび」のほうに強く惹かれました。とても愛おしいし、こっちのほうが面白くて好きだなと思ったのです。

私のドラマに登場するキャラクターが、いびつで困った人たちばかりなのは、占いの世界で実際に出会った愛すべき人たちがモデルになっているからだと思います。

成功者は占いが大好き

男の人は占いに興味がなかったり、拒絶反応を示したりする人も多くいます。「占い」や「運命」という言葉を聞くと、悪いことやあらがえない宿命を言われるんじゃないかとすごく怖いのだそうです。

しかし、政治家や企業のトップなど、人生の成功者といわれる男性たちは占いが大好き。あのころ先生のもとに来られていたお客さんも、いいことを言われたら、それに乗ってどんどん突進して会社を拡げておられました。占いをきっかけにそこに向かって集中し、必ず運のピークをつかみ取るのです。責任のある立場の方ほど、運気の波に乗るのがとてもうまかったし、ご自身の運気だけでなく、まわりの人がもたらす運の影響も強く気にしておられました。

また、トップの方たちは華やかに見えて、とても孤独です。ちょっとでも気をゆるめると足もとをすくわれたり、蹴落とされたり。転げ落ちる怖さや不安もあるのでしょう。

「自分は運命の女神に愛されている、強運がある」ということを確認するために占い師のもとを訪れていたのだと思います。そして、納得し自信を深めて帰って行く。そんな方をたくさん見ました。

空亡の時期にも前向き

こういう成功者の人にも、もちろん12年に2年間は運気が下がる「空亡期」が巡ってきます。

空亡期に入ると、理不尽なことに巻き込まれたり、今までとは違ったことが起きていると感じたりするようなことがあり、恐れている人も少なくありません。

「この時期から空亡期に入りますよ」

空亡期の過ごし方はとても大事なので、わたしは必ず調べてお伝えしていたのですが、「そういうことなら心構えもできるし、対処もできる」と彼らはどこまでもポジティブなのです。

中には、わたしが知らせなくても、運気にとても敏感で、直感的にそれをわかって動いていらっしゃるような方もいました。

過去を振り返ってもらうと、占いの結果が自分の人生シナリオと合っているか、まるで答え合わせをするかのように、占いを楽しんでおられる方もいました。

「占いがよく当たる」のも強運な人たちならではの特徴だと思います。

脚本家への転身は占いがきっかけ

実は、わたしが占い師をやめて脚本家に転身すると決心したのも、占いがきっかけでした。

ものを書く仕事へのあこがれは漠然と持っていたのですが、ここで覚悟を決めないと、このまま運気が落ちていく。落ちてしまったら、次に運が好転するまでに3年はかかる。だったら今しかない！

そして、わたしは「脚本」という新しい世界に飛び込んだのです。

それは運気でいうと、空亡期に落っこちる直前の〈老熟〉の年、わたしは28歳でした。

運の周期では、空亡期の直前の〈回帰〉〈天恵〉〈老熟〉の3年間は、これまで努力してきたことの結果が出たり、気持ちも充実したりと、たいへん実りのある年と言われています。

しかし、わたしはとても虚しかったのです。わたしには何もいいことがなかった。占いから見ると、今までの人生で最高潮の時期にいるはずなのに、なんだかとても虚しく哀しかった。

そして、自分自身のこれまでを振り返りました。この10年間、一体わたしは何をしてきたのだろうと。

大学を卒業し、親戚の紹介でちいさな広告代理店に入社したもののOL生活は1年3か月で終止符。お酒を飲みあるき、遊び呆《ほう》けていました。

26歳のときには、ひとめ惚れして付きまとった男性にこっぴどくふられ、「同じ職業に就けば、またあの人と会える（今でいうストーカーですね……）」と国会図書館に通いました。その人は映画の脚本家でした。脚本の勉強のため、その人の書いた脚本を大学ノートにひたすら書き写しました。いま思えば、あのときに写経のように書き写したことがわたしの唯一の脚本修行ですが、当時のコピー代は1枚30円。脚本は枚数がかさみますから、貧乏なわたしにコピーする余裕がなかったのです。

占い師を続けながらも、自分には向いていないとも感じていました。

今村先生は自分の後を継いでほしいとおっしゃってくれていましたが、占いを職業にすることは人の運命を左右してしまうわけですから、自らに対する厳しさが求められます。一流の方はみな滝に打たれたり、修行をしたりと世俗にまみれることを禁じ、自らを律して職務にあたっておられます。今村先生も研究熱心な学者さんか、徳の高いお坊さんのような暮らしぶりでした。

しかし、わたしはお酒や美味しいものが大好きで、恋愛ももっと楽しみたかった。占いの勉強は真面目につづけていましたが、わたしにその覚悟はありませんでした。

結局わたしは、何者にもなっていませんでした。

自身がどこに向かっているかもわからず、これから「空亡期」に入るのにわたしは一体どうしたらいいのだろうと焦り、怖くなりました。はじめて危機感を感じたのです。

自分自身を見つめ直すと、幼い頃からわたしが褒められた数少ない体験はすべて、ものを書くことに関連していました。

小学生のときに書いた詩がテレビ番組で取り上げられたり、ラジオで特集されたりしたこともありました。大学時代に褒められたのも、はじめて書いた脚本でした。

そして、いつも胸の片隅にあった、いつかものを書く仕事につけたらという気持ちに気づいたのです。

知り合いだった脚本家の桃井章さんが声をかけてくださったのはその頃でした。

わたしは「これは運気に試されている」と思いました。

「今すごく忙しくて、締め切りがいくつも重なってしまったから、代わりに刑事ドラマの脚本を書いてみないか」

そして、今こうして神様から「宿題」が与えられたのだから、これは空亡期に落っこちる前の最後の力をしぼって取り組まなきゃいけないと思ったのです。１９８７年11月のことでした。

それから、わたしはこのチャンスを逃してはと、人生ではじめて努力をしました。何度も書き直し、必死に食らいつきました。そして、それが脚本家としてのデビュー作につながったのです。

占いを知らなかったら、わたしは脚本家になっていなかったと思います。

占いであなただけの幸運をつかみましょう

繰り返しになりますが、絶対的に悪い運勢という人はいません。

運というのは誰のところにもやって来ます。短い時間かもしれませんが、あなたのところにも必ず来ます。

運を使いすぎると減るという人がいますが、それはウソ。その好運を逃さず、その波に思いっきり乗ればいいのです。それができるか、できないか。運がいいか悪いかは、ここが分かれ目なのです。

先に書いたとおり、成功者の男性たちは、運気の波に乗ることが上手でした。チャンスが来たら、それに向けて自身を高めて集中させ、必ずガッとつかみとる。ピンチが来ても、それは自分の課題ととらえ、じっくり取り組んで次のチャンスまで力をたくわえる。そうして運を自分のものにしていくのです。

ぐーたらなわたしも占いを知っていたからこそ、運気の波をつかむことができました。

あなたがしあわせになること、成功することに遠慮はいりません。

占いとうまくつきあって毎日をもっと面白く、ハッピーにしましょう。

さあ、あなただけの幸運をつかみに行くのはいまです。

2

占いは信じたほうが得です

運に愛されるコツがあるとしたら、
それは占いを素直に信じること。
〝運気の締め切り〟を意識してすごしましょう。

「占いなんて信じられない」そんなふうに占いを敬遠する人も世の中にはいます。占い師でもあるわたしは、なんてもったいない、と心の中でつぶやいてしまいます。

あるとき、デヴィ夫人がインタビューで「日本の占い信仰はちょっとおかしいわ!」とおっしゃっていました。「素敵な男性と出会っても、占いで悪い結果が出たらじっと待つわけ? そんなの変だわ」

デヴィ夫人は、生まれついての美しさや才能に加え、凡人に真似のできない努力でみずからの人生を切り開いてこられた女性で、わたしは大好きです。占いなどに振り回されて、あきらめるなと思われたのでしょう。

だけど、それはちょっと誤解されていると思います。

なぜなら、占いはチャンスをつかむために使うものだからです。

デヴィ夫人を占ったらどんな結果が出るのか、私は興味を持ちました。

予想どおり、ものすごく頭が良く、行動力があって、自分の力で人生を切り開いていく強運な星でした。

そんなデヴィ夫人の運気の波を眺めているうちに、今村先生から世の中には「運気の影響をまったく受けない人がいる」と聞いたことをふと思い出しました。

たとえば、プロ野球でホームラン世界新記録を打ち立てた王貞治選手は、運気の流れにはまったく左右されなかったそうです。先生の分析では「王さんは努力をいとわない星の方。そして、たぐいまれな精神力で人の何十倍も努力なさったからこそ、運気に振り回されなかったのだ」と。

デヴィ夫人は四柱推命で占っても、もちろん強運ですが、王貞治さんと同じように運気の波に左右されない、占いを超越した存在なのだと思います。

現代でいえば、大リーグで活躍されたイチロー選手やフィギアスケートの羽生結弦選手などもそうかもしれません。

チャンスはすべてつかむ、そのためにできること

デヴィ夫人は「チャンスは全部つかみなさい」と、説かれる女性です。わたしも同じ。チャンスはすべてつかむべきだと思います。

しかし、大切なことを決めるにはものすごくエネルギーがいりますし、できることなら失敗もしたくない。ぐーたらで自分を甘やかしてばかりのわたしのような人は、ぐずぐずと先延ばしにしているうちにせっかくの好運を逃してしまうのです。あのとき決意していればと後悔しても時間は巻き戻せません。

だから、そういった人にこそ、占いが役に立つのです。

「ここが決めどき」

「ここを逃したら、次のチャンスはしばらく来ない」

転職も恋愛も結婚のタイミングも、占いで運気の流れを読み解くことで「運気の締め切り」がはっきりとわかるのです。

林真理子さんと松任谷由実さんに占いはいらない

わたしのまわりで強運だと思うのは、作家の林真理子さんです。

人気運が絶好調の時にベストセラーを書き、仕事の達成を意味する年に大きな賞を取り、結婚運が最高潮の年に結婚し……と、これほどまでに運気の波を上手につかまえる人はいないのではないかと思います。

わたしが林さんと初めてお会いしたのは、ドラマ『不機嫌な果実』の打ち合わせでした。当時大ベストセラーだった林さんの小説を原作にわたしがドラマの脚本を担当することになったのです。

林さんは大学（日大芸術学部）の先輩でもあり、わたしはお会いする前から親近感を抱いていました。また、占い好きということも著書で知っていたので、本業そっちのけで林さんを占うことに燃えていました。

林さんの生年月日は調べていたので、お会いしたときすぐに、手相を見せてもらっていいですかとお願いしました。そうしたら「私占い大好きだから、見て見て！　悪いことも正直に言ってね」と、パッと手を出されました。

事前に生年月日で占った結果をもとに、「家を建てるといい時期ですね」と伝えると、「今、設計してもらっている」とおっしゃるので、とても驚きました。

今ではすっかり仲良くなって旅行にもご一緒しますが、林さんの過ごし方は運気の波にぴたりとあてはまっていて、これはもう生まれもった勘というか、運の波をとらえるのが天才的にうまいのだと思います。

いつだったか「今年の運気はどうかしら？　占って」と聞かれたので、「今は来年に向かって準備をしている状態ですから、少し静かに、穏やかに過ごされたほうがいいですよ」と伝えたら、わたしがそんなことを言わなくても、すでに実行なさっていました。そして、いい運気が来たときには、その波に迷わず飛び乗る。占い師からみると、すごく良いお手本です。

もうひとり、運気の波に天才サーファーのように乗るのがうまいと感じるのは、松任谷由実さんです。松任谷さんも占いはお好きだそうですが、占う前から、すべてわかってらっしゃるのではないかと思います。

彼女たちのような「運をつかむ天才」は、日頃から自分の運気に敏感です。だからこそ、占いがほんとうにお好きなのでしょう。

きっと企業のトップや政治家の方と同じで、自分が描いた人生シナリオと占いがぴったりと合っていることを楽しんでいるのかもしれません。

運気を知ってメリハリをつける

人生には「攻める時期」と「守る時期」がありますが、わたしが脚本家になったのが、まさにその「攻める」最後の年でした。今村先生も目の前で将来を占ってくださり、「あなたは脚本家の道にすすみなさい」と、背中を押してくださいました。

ずっとギアを入れっぱなしで生きることはしんどいし、できません。

わたしは占いを知っていたからこそ、今は馬力をかけるときと意識することができた。占いが「勝負どき」を示してくれたおかげで、運気の波のしっぽをつかむことができたのです。

もし運気のメリハリを知らずにいたら、悩みながらも占い師をつづけていたでしょうし、きっとダラダラと過ごしていたと思います。

占いのおかげで、人生にメリハリがついたのです。

占いで大穴を的中させていた

ちょっと余談ですが、「占いを信じたら得をした」という体験談を。

占い師だったころ、今村先生がご本の執筆などでしばらくお休みされることがありました。そうなると、わたしは仕事も収入もなくなります。そこで思いついたのが競馬でした。

競馬専門紙で連載をされていた今村先生のもとには、騎手や競走馬、枠や馬場との関係など、レースを予想する資料がたくさんありましたから、わたしも自分なりに研究し、月に何度かある勝負運の強まる日を選んで、自分にとって方角の良い中山競馬場に出かけていました。

というのも、騎手の生年月日や枠順、馬場のコンディション、自分のギャンブル運などから占うと、これはもう当たるしかないというレースが出てくるのです。そして、思い切ってその馬に一万円をつぎ込む。すると、40倍、50倍になって返ってくることもしばしばでした。

帰り道には、乗り換えの日比谷駅で降りて、帝国ホテルのお鮨屋さんでよくひとり祝杯をあげたものです。20代そこそこの小娘の財布に40〜50枚の一万円札が入っていたなんて誰が想像できたでしょう。

この話をすると、ぐっとからだを乗り出してくるのは、ギャンブル好きの男の人です。みなさん目を輝かせて「中園さん、こんど競馬場にご一緒しましょう」と誘ってくれるのです。中には馬主席に招待してくれる人もいましたが、今はまったく当たりません。おそらくあの頃は「このレースを外したら今月の食費がない」と必死だったので、勝負の勘が冴えていたのかもしれません。

さすがに万馬券は当てたことはありませんが、かなりの大穴を狙って戦勝金を手にしていたのは確かです。

阿川佐和子さんは占いを信じて、しあわせに

わたしの占いを信じてくださって、決断をされた女性がいます。

それは、作家でエッセイストの阿川佐和子さん。

2016年に『サワコの朝』にゲスト出演したときに番組の中で占わせていただきましたが、ひとから憎まれない、お世辞を言わない、正義感が強いということがすぐにわかりました。

そして、「結婚運が高まっていますが、今年ではありませんね。来年の5月ですね」とお伝えすると、「放送しないで」と言いながら、にこにことしておられました。

「それから、来年を逃すと次は2023年になります。2017年はすごくいい年ですから、結婚してください」と幸運期をお知らせしたのです。

その後、阿川さんは2017年の5月9日に入籍なさいました。

占いをきっかけに決断し、みずからの手でしあわせを手に入れたのです。

ぐずな女が自分の人生に向き合うとき

のんびりした人たちに伝えたいこと。

ほんとうは転職したいと思っていたり、子どものころからあこがれていた仕事があきらめきれなかったり、引っ越そうと思いつつ先延ばしにしていたり……。

「いつか、かなえたいけれど」「そのうちに、きっと」。

だけど、やりたいことや夢を決断するのに「いつか」も「そのうち」もふさわしくないと思いませんか。


占いを知らなければ、ぐーたらなわたしは、今もぐずぐずしていたでしょう。だけど、占いで「今が踏ん張りどき」とわかったから、夢のしっぽをつかむことができたのです。


まずはわたしの占いで、自分の運気を知ることから始めてください。

そして「運気の締め切り」を意識して行動してみてください。あなたの人生はどんどん変わっていくと思います。


チャンスをつかむために占いはあるとわたしは思います。

自分ではなかなか踏ん切りがつかないという人にこそ使ってほしい。占いは最強のツール、あなたの味方になると思います。

3

複数の占いを使いこなしなさい

自分に似合うシャツを探すように、
自分の感性にしっくりくる占いを見つけましょう。
その日の気分によっていくつか使い分けても。

占い師になるぐらいですから、わたしは占いが大好きです。

だけど、自分自身のことを占ったときに、あまりよくない結果が出てしまったら、どうすると思いますか。

まず、私も人並みに落ち込みます。それから、ものには何でも例外があるし、占いだって外れることがあると楽観的に気持ちを切り替えます。

そして、ほかの占いを見ます。

占星術のホロスコープが良くなかったら次は気学、それでもダメなら易学、風水、タロットカード占い……といった感じです。すると、かならず良いものが出て来ます。

占いは自分の気分を上げるためのもの。良いことは信じて、悪い結果が出たら、ほかの占いを見て自分を元気づける。それを心の栄養に励ましてがんばる。これがわたしの占いとのつきあい方です。

また、いくつかの占いを使いこなすことで、運気がいいときに調子があまり良くなかったり、悪いことが起こったりする原因がわかることがあります。わたしはそういうときは、ほかの占い師にも見てもらうのですが、「こういう悪い結果が出ています」と言われることでうまくいかない理由がわかってすっきりし、かえって安心します。

わたしが好きな占い師

わたしがよく見る占いサイトや本は、ドクターコパさん、しいたけさん、占星術なら鏡リュウジさん。コパさんの「今年のラッキーカラー」は必ずチェックして、勝負服を選んだり、ポイントになるアクセサリーや小物を身に着けるようにしています。

コパさんの風水術にはたくさんのファンがいて、長年愛され続けています。それほど多くの人を幸せに導いてきたのですから、信頼できますよね。

しいたけさんの占いは、ウェブサイトでよく見るのですが、読んでいるだけで気持ちが前向きになります。何となく疲れているときには、「今はがんばりすぎないで、ちょっとお休みしましょう」と、やさしい言葉をかけてくれたりします。そのおかげで、「よし、またがんばろう」と思えてくるのです。

鏡リュウジさんは王道の占星術ですが、大学院で心理学の研究をなさっていたとうかがいました。心理学をベースにした語り口で、とても説得力があります。わたしはかに座なのですが、「今年のかに座はこんな感じ」と大まかな流れを占星術でつかんでおくようにしています。

旅先でも占ってもらう

占い好きのわたしは、旅に出かけた先でも占ってもらいます。

昨年、林真理子さんとネパールに行ったときもそうでした。林さんも占いが大好きで、好奇心旺盛な方。地元のレストランのご主人が占いをなさっていて、とてもよく当たると聞き、「行ってみましょう」と翌日、一緒に旅行していたメンバー全員を誘って、お宅を訪ねました。

独特の占いで、まず全員で踊りを踊らされ、大爆笑しましたが、わたしは「あなたはふたりの女性から嫉妬されています。仕事上のことで邪魔をされます」と、かなり具体的に忠告されました……。どうしたらいいのでしょうと尋ねたら、お守りをいただきました。今思うと、その占いとお守りのおかげで邪気を飛ばしてくれたようです。

旅先の占いは非日常だから楽しいですよね。いいことを言われたら信じればいいし、嫌なことを言われたら「インチキだったかもね」と笑い飛ばせばいい。

言われたことがどうしても気になるなら、帰国してから自分の好きな占い師の本やウェブサイトを見て、気分を上げる。

外国での占い体験、旅の楽しみのひとつにいかがですか。

自分に合う占いを見つけるコツ、脅す占いはダメ

自分にとってベストな占いはどうやって見つければいいのでしょう。

わたしはいくつかの占いを試してみて、「この占いどおりにやってみたらなんだか

楽しかった」とか「毎日が生き生きしてきた」と思えたもの。それがあなたに合った占いだと思います。

一方、気をつけたいのは読むと憂鬱になってしまうもの。

悪いことばかり書いてあったり、お説教調で気が滅入ったり。気持ちが下がる占いや少しでも自分と合わないなと思った占いは、ちょっと離れたほうがいいでしょう。

また、対面で鑑定してくれる占い師を見つけるにはどうしたらいいですかとよく聞かれるのですが、コツはまず、占い通の友だちに聞くことです。

そして、その友だちがその占い師のところに行くようになってから楽しそうだったり、しあわせそうだったりしたら、紹介してもらいましょう。友人にとってはいい人でも、あなたとの相性はわかりません。一度行ってみて、自分に合うかどうか確かめてください。

たとえよく当たると評判の占い師でも、あなたの運気が悪くなるようでは本末転倒です。ご自身の感覚を大切にしてください。

中には、「あなたは一生、運のない人だ」とか「なにをやってもダメ、結婚もできません」などと、脅すばかりでかすかな救いの言葉さえもない占い師もいるようですが、四柱推命では絶対的に悪い運勢の人なんていません。占いではそんな結果は出ないのに、どうしてそんなことが言えるのかわたしにはわかりません。そういう占い師には「生年月日を教えて」と、わたしが「占い返し」をしてあげたくなります。

負のエネルギーは全開に燃やして、パワーに変える

占い師に、救いのないようなことを言われたり、脅されたりしたら……。

かの林真理子さんも20代のころ、そのような体験をしたそうです。

デビューして間もない頃、ある評判の占い師に見てもらったら「あなたには仕事運がないから、早く田舎に帰って結婚しなさい」と。その占い師は今も活躍なさっているそうですが、林さんに関しては全く当たらなかったということですね。もしわたしがそんなことを言われたら、ひどく落ち込み、打ちひしがれていたでしょう。

ところが、林さんのすごいところは、「絶対にあの占いどおりにはならない！」と自分を奮い立たせ、そのときの悔しさをエネルギーに換えていること。自分を否定する占い師の言葉までプラスに換えて、人生に活かしているのです。

失恋、失業、自信喪失など、人生でマイナスのことが起きるのにも、きっと意味があります。失うことのほうが、じつは人を成長させ、結果的に大きなものをつかむことができるとわたしは信じています。マイナスのエネルギーをプラスに変換すると、圧倒的な強さが身につく。林さんのような女性のそばにいると、それを何度も感じることがあります。

嫌なことがあったら、他人を恨むのではなく、それはチャンスと思って、その悲しみや悔しさ、怒りのエネルギーを自分の中で全開に燃やしてほしいと思います。やけくそでも何かにぶつけたら、案外そのあとの人生が変わるかもしれませんよ。

空亡期は占い師に会いに行かないで

空亡期は判断力が鈍り、自分自身を見失ってしまいがちです。迷いや焦りが出て、占いに依存しやすくなりますので、一対一の対面での占いは控えたほうがいいとわたしは思います。また、この時期はミステリアスな出会いも多く、ハマりやすいと言われていますので、注意が必要です。

悪い占い師にあたってしまうと、占い師がささやく言葉にとりつかれて、抜け出せなくなってしまうかもしれません。

また、最近はインターネットで予約し、電話やスカイプで相談できる課金式の占いもありますが、これも慎重に。占い師にすっかり依存して、思わぬ大金をつぎ込んでしまった人もいるそうです。

もちろん、親身になってくれる良い占い師もたくさんいます。運気の良い時なら、そういう占い師に出会えることもあると思います。

ただし空亡期には、サイト占いなどのちょっと距離のあるもの、自分を冷静に客観視できるものを利用することをおすすめします。

占いとセラピー効果

わたしは、なぜ占いがあるのかと問われたら、迷わず「しあわせになるため」と答えます。

脅したり、自信をうばったり「これはやっちゃいけない」と止めて暗い気持ちにさせるような占いなら、なくていいとさえ思っています。

なにか悪いことがあっても「今がこういう時期だから乗り越えればいいんだ」と明るく前向きな気持ちになれたり、どうしようもなく悩んでいるときに問題に立ち向かう元気をくれたりする。占いとはそうあるべきだと思っています。


実は前回の「空亡期」のとき、わたしは朝の連続ドラマ小説のオファーをいただき、引き受けるかどうか激しく迷いました。

脚本家にとって「朝ドラ」はとても大きな仕事で晴れがましい反面、どれほど苦労するかを脚本家仲間からたびたび耳にしていました。

『ちゅらさん』や『おひさま』を手がけた岡田惠和さんに聞くと、「朝ドラはマラソンではなく、全力ダッシュの短距離走。それを毎日毎日156本、必死に走るようなもの」とのこと。想像以上にハードで過酷な様子、しかも空亡の真っ最中に、そんな厳しい仕事は自分には無理だと思ってしまったのです。

そのとき、わたしは占いの力を借りました。四柱推命のような占いとは全く違う占いです。霊感があると評判の先生を、脚本家の先輩の大石静さんに紹介してもらいました。

仕事以外のことも霊視され、わたしが怠け者で大変な仕事からすぐ逃げようとすることまで、その先生はちゃんとお見通しでした。

「大丈夫、ちゃんと書き上げることができます」

その一言に背中を押され、やっと気持ちの整理ができました。

そして書き上げたのが、朝ドラの『花子とアン』です。

あたまでは乗り越えないといけないとわかっていても、心が揺れたり、立ち向かう勇気が出なかったりするのは、誰しもあることです。

そんなときこそ占いの力を利用してほしいと思います。

占い師はセラピストのように優しくあなたを励まし、あたたかく応えてくれるでしょう。後押しというか、気持ちを高めてくれる。わたしはそこがいちばん大事だと思っています。

占い師とのつきあい方

信頼している占い師でも妄信することはありません。

遠慮せず、疑問に思ったことやこうしてほしいなどの希望は伝えることも大事です。

朝ドラのとき背中を押してくれた先生には、その後もよく占っていただいていますが、あるとき、悪いことやきびしいことばかり言われてしまい、「お金も払ってこんなに悪いことばかりを言われるのはつらいし、帰りに暗い気持ちになってしまう。なにかいいことも言ってください」と、厚かましいお願いしたことがありました。

すると、悪いことを聞かせることで、厄が落ちることもあると説明してくれたのです。

たとえば、「○月から△月までは乗り物の乗り降りのときに、気をつけてください。足をケガします。入院することになるかもしれません」と言われたとします。

ものすごく嫌な気持ちになるでしょう。じつはそれが厄落としになっているというのです。さらに車や電車の乗り降りにも、いつも以上に注意をはらうことで厄が落とせるといいます。それを聞いて、ああ、この先生はすごくいいな、説得力もあるし。

「それなら、どんどん悪いことも言ってください」とお願いしました。自分の気持ちを伝えたことで、先生への信頼もさらに増したと思います。

占いは言葉で届く、相性で選んで

占いは、言葉であなたのもとに届きます。脅されるのは嫌だけど、調子のいいことばかり言われるのもちょっと……。ですが、この人の言葉はなんだか気持ちが和む。いつも元気が湧く。あなたにもそうした占いがあるのではないでしょうか。

たとえばわたしは、弱っているときは、しいたけ占いのしいたけさんの言葉が心に響きます。あまりよくない結果だとしても、言いっ放しではなく、その先に明るい光を感じさせてくれるのです。

くり返しになりますが、占いは自分の気分を上げるためのもの、ということを忘れないで。ほめられたいのか、元気をもらいたいのか、はたまた活を入れられたいのか、言葉のセンスや使い方、相性のいいものを選んでほしいと思います。

4

空亡期の過ごし方がたいせつ

自分が自分でないような、心もとない空亡期こそ、
手を動かし、からだを動かして課題をこなしましょう。
つぎのステージに上るために。

四柱推命では12種類の運気があり、このサイクルを繰り返しながら人生が回っているという考え方があります。この考えは、どんな人も例外ではなく、年、月、日、すべてに当てはまりますが、わたしは年回りだけを気にしておけばいいと思っています。そして、サイクルの冬の時期にあたると言われるのが〈逢魔〉〈空亡〉〈未明〉です。占い師によって考え方はすこし異なりますが、わたしは、運気が停滞する〈逢魔〉〈空亡〉の2年間をここでは「空亡期」と呼びます。算命学では「天中殺」と呼ばれる年回りです。

人生を竹にたとえたなら、空亡の時期というのは「節」の部分。人生の節目であり、成長のきっかけとなります。

ですから、この時期をどう過ごすかはとても重要です。

過ごし方次第で、そのあとの人生がまるで違って来ます。人間的な成長がないままにメリハリのない人生をくり返す人、努力して次のステージにどんどん上がっていく人。

その大きな分かれ目は、運気のいい時期ではなく、この空亡期の2年間にあります。

本書の24～27ページで、ご自身の空亡の時期は、すでに確かめていただいたと思います。

空亡期は決して恐れることはない

実際「空亡期」に入ると、今までとは違ったことが起きていると感じるようなことがあります。理不尽なことに巻き込まれたり、すごい夫婦喧嘩をして心にもないことを口走ってしまったり、また、人事異動で飛ばされてしまったり。占いを知っている人の中には、この時期を恐れている人もいると思います。

でも、正しい過ごし方を知っていれば、全然恐れることはありません。わたしはこの時期は次に続く幸福のための準備期間、自分を見つめる時期だと思っています。

空亡期の正しい過ごし方

空亡期は、四柱推命では「人生の修行」をすべきときとされ、その人に足りない準備をさせられるときだと、わたしは思っています。

占いによっては3年間と言われていますが、本当の意味での正念場は、2年間でいいと思います。3年目にはもう明るい光が見えてくるからです。2年間、与えられた試練にコツコツと真面目に取り組んでいさえすれば、必ずあなたを成長させてくれます。

しかし、この時期に入ると、これまで苦労しなくてもうまくいっていたことが、まならなくなったり、立ち止まって考えなければならないようなことが起こります。空回りをしているようで気持ちが焦ったり、これまで積み上げてきたことを疑ったりするかもしれません。会社を辞めようとしたり、環境を大きく変えたくなる人もいるでしょう。しかし、そこは、ぐっと踏ん張ってほしいのです。「よし、ここが人生の正念場だ。必ず乗り越えられる」と思ってください。12年に一度、誰にでも平等に巡ってくる空亡期が訪れただけなのですから。

ただし、その2年間の過ごし方で、空亡期を抜けた後の10年間、あなたが本来の好運の波に乗れるかどうかが決まるのです。

たとえば、今与えられている仕事を地道にやりなさいという暗示だったり、たとえ成果が表れなくても努力することに意味があったり、打ち勝つための試行錯誤が必要だったり、その人の使命というか、運命の神様に与えられた、12年に一度の「宿題」みたいなものが見えてくるはずです。それは必ず乗り越えられるものですし、それに取り組むことが厄落としにもなりますので、どうか逃げずに必死に取り組んでほしいと思います。神様は乗り越えられない困難は与えません。

また、「自分から逃げてはいけない」と言いましたが、仕事をすごくがんばっていたのに、家族の看病や親の介護をしなくてはいけなくなったとか、抜き差しならないことが起こる場合もあると思います。身体的にも精神的にもとても大変なことですが、両立できるくらい強くなれというメッセージかもしれません。何かが降りかかって来たときはあらがわず、乗り越えたほうがいいと思います。

自分はこんなに強くなったとか、これを身につけたとか、空亡期を抜けたときに必ずわかると思いますし、この時期を支えてくれた人とはいずれハッピーエンドにつながったりするなど、得るものもとても大きいと思います。

占い師をやっていた頃、一年に500人ぐらいの人を鑑定していましたが、空亡期を頑張って乗り越えた人は、皆ほんとうにしあわせになっていると感じました。

空亡期は、自身と向き合い、つらいことを一生懸命やる最良の機会です。

空亡期の苦労は大きければ大きいほど、確実に報われます。

どうか逃げずに取り組んでください。

その先にはそれまでとはまったく違った景色が広がり、「大きく成長した自分」がいるはずです。

与えられた宿題は「朝ドラ」の執筆

前章で朝ドラの依頼を引き受けた際のエピソードを少し紹介しましたが、この依頼があったのは2012年夏、〈逢魔〉のさなかでした。そして、執筆はまるまる〈空亡〉に重なります。

わたしは29歳のときにデビューし、かれこれ30年以上ドラマの脚本を書いてきました。着々とキャリアをつんできたように思われがちですが、とてもぐーたらな性格で、真面目にこつこつ頑張ることがとても苦手です。

朝ドラは書くとなると、準備から執筆を終えるまで約2年にもわたって、きびしいスケジュールがつづきます。わたしは尻込みしてしまい、「かの向田邦子さんも生涯で朝ドラは書いてないし」と心から尊敬してやまない大先輩のことまで持ち出して、逃げる口実を考えたりもしました。

しかし、当時わたしは53歳。年齢的にも体力的にも、きっとこれが最後のチャンス。これを断ったら、二度とチャンスは巡ってこないかもしれない。それに、空亡期のど真ん中で書くことになるなら、これはわたしに与えられた「宿題」なんだと思えてきました。だから、もっとも苦手な「毎日勤勉に書く」ということをやってみようと思ったのです。

苦手なことばかりが襲ってくる

覚悟して引き受けたものの、つらいことはたくさんありました。

もともと夜型の人間で、ふだんは夕方5時ぐらいから仕事にとりかかり、ぐだぐだしながら過ごして、脚本を書きはじめるのは深夜12時ごろ。そこから一気に集中し、朝5時ぐらいまでがいちばんはかどる時間帯です。

しかし、朝ドラは毎日放送されるため、156話もの脚本を書かねばなりません。ただでさえ遅筆なのに、お酒を飲みに行って1日休んでしまったら、もう完全に間に合わなくなってしまう。だけど飲みにも行きたい。

わたしはあえて苦手な早起きをし、必死で朝型に切り替えました。

また、NHKに出向いて打ち合わせもあります。

次週のストーリーはどうするか、どういうセットが必要か、キャストはどうするのか。6日分の話をその場で決めないと間に合いませんから、いつも会議は長時間におよびました。プロデューサーや演出の人たちと、毎回12時間以上、打ち合わせをしていました。局内の食堂に行く時間もなく、廊下にある自動販売機で菓子パンを買ってきて、しのいでいました。

そんなときに「人気のお鮨屋さんの予約取れたよ」とお誘いメールが入ると、ほんとうは飛んで行きたいのに、ぐっと堪えて「今日も菓子パン食べてます」と返信していました。

やっと打ち合わせを終えたら、自宅に戻って脚本の直し。そして、あらたなストーリーを書きはじめるのです。

ほんとうにつらくて過酷な日々でした。朝の目覚ましをかけながら、「起きたらまた書かなきゃ」と思うと、眠るのが大好きだったわたしがベッドに入ることすら憂鬱になりました。

呑んだくれたくなる日もありましたが、つぎの日に書けなくなるので、ぐっとこらえていました。

大好きなお酒と美味しいものもあきらめ、快楽はすべて封じ込めなくてはいけない。そんな状況もとてもつらいことでした。

そんな生活が2年弱ぐらい続きました。

空亡期の宿題だとわかっていたから踏ん張れた

世界中の少女たちをとりこにした「赤毛のアン」。その日本語翻訳者、村岡花子さんを主人公にした朝の連続テレビドラマ『花子とアン』は、おかげさまで視聴率もよく、がんばった甲斐がありました。

どんなにしんどくても「これは、空亡期の宿題なんだから」と自分に言いきかせていたから、なんとか踏ん張れました。

朝ドラを書きあげたことで、わたし自身、ずいぶんと変われたと思います。

それまで大好きな恋愛ものやお仕事ものばかり書いてきましたが、そのあと、大河ドラマの依頼もいただけました。

もし『花子とアン』を書いていなかったら、そのチャンスは巡ってこなかったでしょう。苦手なことから逃げ出さず、やり遂げることができたのは、大きな自信につながりました。

そしてそれができたのは、これが神様から与えられたわたしの「空亡期の宿題」だと知っていたからです。

空亡期の宿題をこなすと、世界が広がった

空亡期の苦労は、すぐ結果に結びつくものではありません。わたしの経験では、空亡期を出て3〜4年後くらいにまわりの景色が変わっていることに気づくのではないでしょうか。

じつは、わたしはひどいあがり症でした。講演会など大勢の前で話すことがほんとうに苦手だったのです。講演会のまえは緊張があまりにもひどく、前日から機嫌が悪くなることもありました。ところが占いでみると、むしろ人前で話すことに適性があると出るのです。それでも自分は絶対向いていないとかたくなでした。

『花子とアン』の放送後、とてもありがたいことにいろんなところから講演にきてほしいと声がかかるようになりました。「こんなわたしでも呼んでくださるんだから、行かなくちゃ」と引き受け、多い月には、週に一度ぐらいのペースで講演に出かけました。そうするうちに、だんだん苦手がクリアできてきたのです。

以前はあれほど心拍数が上がっていたのに、今は具合が悪くならないのです。もちろん今でも緊張はしますが、いろんな人に出会えることで、ずいぶんと世界も広がりました。

これも、空亡期の宿題にきちんと取り組んだご褒美だと感じています。

『やまとなでしこ』は空亡ブレイク

ドラマの制作現場では、空亡の時期にハレーションのような不思議なパワーが働くことがあります。これはわたしの経験から感じたことですが、この期間に脚本を書いたもので、大ヒットと呼ばれるようなドラマが何本もあるのです。もちろんすごくトラブルは起こるのですが、その中で必死にもがいて作っていると、なぜか化けるような番組ができるのです。

もしくは、わたしの経験でいうと、運気が悪い時期に入っているキャストやスタッフがいるとヒットします。

わたしたちテレビの世界は水物ですから、このエピソードを仲間の脚本家に話すと、みんな「空亡が楽しみになってきた」といいます。テレビ局のプロデューサーまでが「今度のドラマ、主役は空亡期の俳優にしましょう」と冗談を言い出すほどです。

かつてわたしが脚本を手がけたドラマでも、空亡期がもたらしてくれたであろうヒット作がありました。

そのドラマは、スタッフも出演する役者さんも空亡だらけでした。

なぜそんなことがわかるのかといえば、占い師のわたしは、スタッフや役者さんたちの生年月日をさりげなく聞き出して、あらかじめ彼らの運気を調べておくからです。打ち合わせそっちのけで、占いノートを見ていることもありました。

空亡の星だらけのこのドラマは、トラブルの連続でした。

屋外ロケの予定が天候不良でスケジュールどおりに進まないこともしばしば。撮影は延び、現場の空気はピリピリと張りつめていきました。ほかにもつぎからつぎにさまざまなトラブルが起こり、はらはらの連続でした。

しかし、ドラマは回を追うごとに注目され、視聴率もどんどん上がっていったのです。

また、2000年秋クールに放送された『やまとなでしこ』は、わたし自身が空亡期に脚本を手がけたドラマですが、この作品でも空亡ブレイクが起こりました。

客室乗務員の主人公、神野桜子の「お金持ちと結婚してしあわせになる」というむきだしの本音が世相にはまったのか、こちらも最高視聴率36パーセントを記録し、大きな反響が巻き起こったのです。

このときもいろんなトラブルに見舞われてあたふたしましたが、結果は空前の大ヒット。ラブコメディのドラマでは、歴代2位の視聴率なのだそうです。

それでは、逆にスタッフも役者も脚本家も、みんなが好調な運気の人を集めたら、どうなると思いますか。

じつはわたし、占い師なので試したことがあるのです。

少しキャリアをつみ、キャストも選べるようになったときに運気のいい人ばかりを全部そろえてみました。

大ヒット？　それがどういうわけか全然パッとしないのです。運気のいい人ばかりだと現場はとてもなごやか。ごはんを食べに行って、飲みに行って和気あいあいとすごせました。みんな仲良く楽しくて「トラブルもなくていいチームだったね」と心をかよわせたのに視聴率はいまひとつふるいませんでした。

運に左右され予想しにくいテレビの世界。

空亡の荒れた運気にチーム一丸となって立ち向かうことで、想像以上の力が出るのかもしれません。あるいは、ドラマ制作のギャンブル的な勝負には、低調な運と運がぶつかり合って、空亡期の運気が逆目に出るのかもしれません。その法則がわかれば脚本家としてはこれ以上心強いことはないのですが、残念ながら真相は闇の中です。

空亡期に出世してしまったら

空亡とは、空が亡びると書きますから、空しいことが起こります。

たとえば、ものすごく儲かったり、宝くじが当たったりすることもありますが、それはほんとうに空しいご褒美です。

では、空亡の時期に思わぬ昇進をしたり、起業して会社が軌道にのったりしたら……。これはなにかの罠でしょうか。

いいえ、ちがいます。

わたしはかつて政治家のお客さんも占ってきました。「つぎの選挙で落選するんじゃないか」と尋ねてこられるのです。

選挙と、その方の空亡の時期が重なることはしょっちゅうあります。

そんなときは今村先生から教えられたとおり、「とにかく荒れます。なにが起こるかわかりませんから、とにかく万全の準備をしてください」とお伝えしていました。

また、「空亡期のさなかに当選するということは、その任期中も全部試されます。いろんなことが起こりますから、身を引き締めてください」と、きびしいことを申し上げたこともあります。

たしかに空亡の時期に当選すると、いい時期にくらべてあらゆる宿題がふりかかってきます。しかし、逃げずにがんばって取り組めば盤石となるのです。

選挙はとくべつな世界ですが、会社員でも空亡期のときに昇進することがあります。責任のある役職に抜擢されたり、チームリーダーを任されたり、後輩の指導係になることもあるでしょう。

たとえそれが身に余る出世だったとしても、これが今回の空亡期の宿題だと理解すれば、心を乱さなくても済むはずです。

空亡の時期に、もがき苦しんだ人ほど次の新しい運気、次のステージに上がるときに実力をつけて上がっていきます。占い師の頃そういった人を毎日のように見てきました。

あたえられた宿題をやり遂げれば、〈空亡〉が明け、〈未明〉から〈胎生〉へと進むうちに必ず運気は開けていきます。空亡が明けてしばらくたったころ、つぎのステージに上った自分に気づくことでしょう。

空亡期に素敵な出逢いがあったら

空亡の時期に、もしも素敵な人に出逢ってしまったら……。

確かに自分からはモーションをかけないほうがいいかもしれませんね。

この時期は判断力が鈍りがちで、ミステリアスな出会いも多いと言われています。

わーっと盛り上がって電撃的に結婚してしまうと、そのあと逆のことが起こりがちですので、まずは俯瞰《ふかん》するような視点でクールに観察してみることをお勧めします。だけど、十分に警戒してガードを固くしていても、「やっぱり好き」「どうしてもこの人がいい」「人生をともに歩みたい」と思えて、相手から「今すぐ結婚したい」と強く望まれたとしたら、それだけ強い結びつきがあるということですから、わたしは踏み切ってもいいと思います。

結ばれたのが空亡期だから、なにかトラブルが降りかかるかもしれない。でも、このタイミングにもなにか意味があるのだろうと、そういう心構えで結婚すればいいと思います。

よく相談される悩みで「空亡期に出逢った人と空亡期のさなかに結婚してしまったのですが、もう人生はおしまいでしょうか？」と聞かれますが、もちろんそんなことはありません。

空亡期だと知っていても「この人と一緒になる」と覚悟して決めたことならそれはとても意味があることだと思いますし、たとえ別れることになったとしても、それだけの覚悟を持って結婚したのですから、必ずなにか得るものがあったと思うのです。

そういう時期に結ばれても末永く幸せな結婚生活を送っている例を何組か知ってい

ます。どちらかの空亡期に子どもが誕生したカップルです。子どもが生まれることで厄落としになるという話を聞いたことがありますが、まさにそれです。マイナスの運気をきっと赤ちゃんがプラスに換えてくれたのでしょう。

5

運命は変えられる

運命とは決まりきったものではありません。
自分の力と行動、そしてその時々に出会う人によって
どんどん切り開いていけるものなのです。

運命というのは人との出会いによってどんどん切り開いていくものだとわたしは思っています。なぜなら、「運は、人が運んで来てくれるもの」だからです。

四柱推命では、年・月・日・時刻の四つの柱で運命を見ます。その原理からすれば、同じ時間に同じ病院で生まれる双子は同じ人生を歩むことになりますが、実際は違いますよね。

人の運命は、占いよりもはるかにドラマチックで、人生の数だけ違う運命があります。子どもの頃から占いが大好きで、占い師の視点で世間を眺めてきたわたしはつくづくそう思います。

同じ星を持って生まれてきても、そのときに出会う人によって好運をもらったり、たとえ傷つけられてもそれが強くなる力を与えてくれたり、人との出会いや別れ、運をつかむタイミングで、その人にしかたどり着けない人生があるのです。

占い嫌いの人の多くが、自分の運命を知るのが怖いからと言いますが、運命は定められたものではなく、自分の力と行動、その時々に出会う人によって、どんどん切り開いていくことができるのです。

強い運の人、弱い運の人

ただ、もともと強い運の人、弱い運の人というのは確かにいます。

四柱推命で占うと、生年月日からそういう数字が出てくるのですが、みなさんが思っていることとはちょっと違うかもしれません。

わたしが思う「強い運の人」とは、生まれつきツイているとか、運が良い人ということではなくて、どんな困難も乗り越えられる人ということです。大きな成功を収めるかもしれないけれど、大失敗することもある。振り幅が大きくうねり、波瀾《はらん》万丈の激しい運勢の人。そういう人は、強い運気で多くの人に影響を与えるし、人を動かします。

政治家はほとんどがそのタイプです。芸能界や音楽業界で活躍している人たちもそうです。ものすごく売れたかと思うと、急に売れなくなったり、大変な目にあったり。とにかくアップダウンが激しい運気なのです。

一方、「弱い運の人」を見ると、皆、穏やかな人生を送っています。人生の上下の振り幅が少ないから、激しく傷つくこともなくて、それはそれで幸せそうなのです。

ただ、運の弱い人というのは人の運気に左右されやすいですすので、そばにいる運の強い人が悪い時期に入ってしまうと一緒に落ち込みやすいし、その逆で、良いときには一緒に良くなります。人の運気の影響を受けやすいのが「弱い運の人」と、わたしは解釈しています。

とはいえ、運の「強い」「弱い」に関わらず、みな人の影響を受けて生きています。運気を影響し合っているのです。

恋愛でも仕事でも、あなたの運気をぐっと上げる「運命の人」は本当にいますし（それもわたしは一人じゃないと思っています）、悪い運気も、人との出会いでオセロみたいにガラッと全部ひっくり返ることもあります。

大事なのは、自分の運に限定して考えないことです。

運気を上げたいと思ったら

運気を上げたいと思ったら、自分の運に加えて、他の人の運をどこまで取り込めるか。自分から運気を取りに行って、自分にない良いものは他の人から借りればいいのです。

わたしは、今楽しそうにしている人、仕事やプライベートが順調そうな人のそばに行くことにしています。すると、その人からいい運気が流れ込んで来ます。おこぼれにあずかれるというわけです。

たとえば、歴史学者の磯田道史《みちふみ》さん。歴史や古文書の圧倒的な知識と、わかりやすく歴史を説いてくれる語り口で、たいへんな人気者です。

磯田先生の日本エッセイストクラブ大賞の受賞パーティーにうかがったことがあります。じつはそれまでそんなに親しくなかったのですが、おめでたい運気にあやかろうと思って押しかけたのです。会場でたまたま知り合った磯田先生のご両親から、幼い頃とても変わった子だったというお話をうかがいました。その話があんまり面白くて笑い転げていたら、たくさんのお客さんに囲まれていた磯田先生が近づいてきて、「何がそんなに面白いんですか」と。それがご縁で飲み友だちになりました。

何年かたって、NHKから大河ドラマの依頼があったときは、真っ先に磯田先生に相談しました。すると、「そろそろ明治維新から150年になるから、幕末ものがいいと思う。西郷隆盛はどうだろう」とおっしゃったのです。林真理子さんの小説『西郷どん！』を脚色することが決まったときには、不思議な運気の流れを感じました。磯田先生には運を勢いよく引き寄せるようなところがあります。あのときパーティーに行っていなかったら、わたしは大河ドラマを書くこともなかったような気がするのです。

会社、サークル、友人のなかでも「あれ、この人、今、きてるな」という人がいると思います。そういう、うまくいっている人を妬まないですうっと寄っていき、そばで運気を浴びるのです。

どんどん浴びてください。そうしているうちに、「ああ、この人、こういうリアクションするんだ」とか「口癖はこうなんだ」とか、うまくいっている人の行動や考え方に、気づくことがたくさんあると思うのです。

また、そういった運気のいい人は、気持ちに余裕もあるはずですから、「これ、ちょっと意見が聞きたいんですけど」「部署もフロアも違うんですが、どうしても○○さんのご意見が聞きたくて」と、質問したり、意見を聞かせてもらったりすればいいのです。メールを送ってみたり、直接デスクを訪ねてみたり。相手だって悪い気はしないはずです。

くり返しますが、いい運気はシャワーのように浴びましょう。すぐに運気が上がらなくても、楽しい気持ちにはなれると思います。

Xプロデューサーの開運術

わたしのまわりにいる運の強者といえば、プロデューサーのXさんです。彼から「占ってほしい」と言われたことはありませんが、印鑑には凝っていらっしゃるとか。大家がつくる相当高価な印鑑で、運気のグレードが上がるたびにつくり変えるように指南されるとうかがいました。Xさんは毎年更新しているそうです。Xさんにとっては印鑑がお守りのようなものなのでしょう。

じつはわたしも、Xさんとは違うところですが、有名な印相鑑定の先生に印鑑をつくってもらいました。決して安くはなかったのですが「これで運気がぐんぐん上がり、自分の身を護《まも》ってくれれば、ありがたい」と気分が上がりました。

運気がよどんできたなと思ったら、積極的にそういう開運アイテムを探してみるのもひとつの手です。今は情報もたくさんありますから、その気になればアクセスできると思います。

いい気が流れているものにも触れて

好運の人には好運が集まってきますから、いい気が流れている場所やものに触れることも大切です。

直接の知り合いでなくても構いません。憧れのアーティストのコンサートや講演会に行くのでもいいし、好きな人が作った映画を見たり、書いた本を読んだりしてもいいと思います。それだけでもずいぶん、運気の流れは変わってくると思います。

また、今売れている、勢いのあるアーティストはたいてい強いエネルギーを持っています。ＣＤやダウンロードで好きな曲を聴くのもいいですが、やっぱりライブは格別。同じ時間に同じ会場で過ごしたというだけでも、なにかいい運気をいただけるとわたしは思います。

コンサートやライブ、講演会のほかには、演劇や歌舞伎、オペラやバレエなども、生の醍醐味が味わえます。

演奏会ならクラシックコンサートがお勧めです。

脳科学者の茂木健一郎さんは「電気を通していない生の弦の音がふるえるのは、脳にとてもいい刺激になる」とおっしゃっていました。

また、来場している人たちの雰囲気がいいし、会場の気が澄んでいるように感じます。とにかく居心地がすごくいいのです。

わたしは休憩タイムにシャンパンを飲むと気分が一気にはなやぎます。リフレッシュできますし、クラシックコンサートは運気のシャワーを浴びるにはもってこいだと思います。

落ち込んだときこそ、外に出ましょう

今、ちょっと運気が落ちている、なんだかうまくいかないな、と思ったら、どうしたらいいのでしょう。

運がどんよりよどんでくると、外出も億劫になるし、食事や飲み会に誘われても行きたくなかったりしませんか。

でも、そんなときこそ、ひきこもらないでください。

人に会わないといい運気は受けられません。一人でじっと悩んでしまうのがいちばんダメです。運気が停滞してしまいます。

近所のコンビニに買い物に行って、店員さんと言葉を交わすだけでも、運気の流れは変わっていくものです。

散歩でもいいからとにかく外に出ましょう。なんとか力を振り絞って、人と接してほしいと思います。

6

金運はお金持ちからもらいなさい

気になるのは、やっぱり金運。
キーアイテムはズバリ！お財布。
金運こそお裾分けしてもらいましょう。

運気というのは、人と人との間で流れているもので、たった一人で強運の人というのはそうはいません。運はそれほど強くないのにすごく幸せそうな人は、まわりの人の運気をうまく使っているからだと思います。

そういう考えから、わたしはお金持ちの人からお財布をもらったら、金運も移るのではないかと調べてみました。

研究① 林真理子さんからお財布をもらったら

わたしが最初に「お財布をください」とお願いしたのは、林真理子さんでした。ちょうど林さんの著書『不機嫌な果実』を原作にわたしが脚本を書くことになったときでした。

その頃、わたしはちいさいマンションを買ったばかりで、カーテンをつけるお金もなくなってしまいました。それを聞いた林さんは「あら、かわいそう。脚本家ってそんなに儲からないのね」と親身になってくださり、その話の流れから「お財布をもらえませんか」とお願いしてみたのです。すると「お安い御用よ」と、ドルチェ&ガッバーナの豹柄のとてもすてきなお財布を買ってくださいました。

そうしたら、そこからぐんぐん金運がよくなってきたのです。もちろんカーテンも買えましたし、ドラマもヒットしました。

ところが、貯金通帳にもお金が貯まるようになってきたころから、自分のお金遣いが荒くなってしまったのです。今まではとても手が出なかったような洋服を気が大きくなってバンバン買ってしまい、自分でもびっくりしました。

それから3年ぐらいたった頃のこと。わたしは金運が下がったというわけじゃないけど、なんとなく落ち着いてしまったのを感じました。

林さんからいただいたお財布は布製で、横のところがちょっと擦り切れてしまっていたのですが、林さんはそれを見るやいなや「なんでそんな破けたお財布持っているの！」と驚き、すぐにジルサンダーのエナメルのお財布を気前よく買ってくださいました。すると、たちまち金運が盛り返してきて、やっぱりお財布は金運と直結していると、あらためて思い知りました。

三代目は、わたしから「そろそろください」とお願いして、フェラガモのお弁当箱みたいに立派なお財布をいただきました。ファスナーのところに50万円ぐらい入りそうなゴージャスなものです。ふたたび金運が上昇し始めましたが、やっぱり買い物はとまりませんでした……。

研究② Xプロデューサーからもらったら

それからも、わたしは財布と金運の調査をつづけています。

「お財布はお金持ちからいただくもの」という縁起をかつぎ、みんなにも吹聴していましたが、さきほど書いたお金持ちのXさんがハワイのお土産にお財布をくださったときは、飛び上がって喜びました。

Hマークの留め具が光るエルメス謹製のお財布でした。色は緑。占いでいうと緑は才能の色を表します。これで才能運が上がるなら、ほんとうにありがたいことです。

Xさんからもらった財布を使って、なにが変わったと思いますか。

洋服は買わなくなったのですが、なぜかいろんな人にごちそうしてしまうのです。テレビ局のスタッフ何十人分の支払いをしていたときには、愕然としました。これじゃまるで、いつもスタッフに豪快にごちそうしてるXさんみたいじゃない!?

結論　お金持ちから財布をもらうと
金運はアップするが、
お金遣いも移るので注意が必要

金運をつかさどるのはお財布だから、金運のある人からお財布をもらいなさいということは、いろんな占い師が言っていますが、これは本当でした。

お金持ちから財布をもらうと、たしかに金運はアップします。

ですので、金運を上げたい方は、ぜひあなたよりお金持の方からお財布をもらいましょう。ただし、お金持ちはたいていお金にシビア（ごめんなさい）なので、なかなかくれないかもしれませんが、そこは切々とお願いしてみましょう。

しかし、ほんとうに不思議な現象なのですが、林さんからもらった財布のときは、林さんのショッピングマニアぶりがうつり、太っ腹なXさんの財布のときには、わたしもごちそうしまくっていました。

これは実験してみてはじめてわかったこと。お金持ちから財布をもらうと金運だけでなく、その方の「お金遣いのクセ」までもらってしまうということを一緒にお伝えしておきます。

お金持ちの財布の色は緑

財布の色も気になります。では、どんな色の財布がお金持ちになれるか、というと、わたしは緑だと思います。

脚本家のさがでしょうか、わたしの趣味は人間観察。そして、ほんとうに悪趣味なのですが、人がごちそうしてくれてお金を支払うときの、その人の所作をつい見てしまうのです。

なんというか、お財布からお金を出して支払っているときの姿、背筋の感じとか首の傾けかたとかに、その人の品格みたいなものが現れるのです。

どんなにお金持ちでも、見ちゃいけないものを見てしまったような、すごく浅ましく見える人もいれば、反対にすごく素敵に見える人がいる。それをこっそり見るうちに、ついでにお財布も見るようになって、わたしのお財布ウォッチングが始まりました。

こっそり見たわたしの経験でいうと、お金持ちは圧倒的に黒か緑色のお財布が多かったです。中国の大富豪も緑の財布を持っていましたし、じつはわたしの占いの先生が昔使っていたお財布も緑色でした。

よくお財布で金運アップを指南する本には「黒の長財布が最強」と書かれていますが、じつは真っ黒なお財布は、落ち着いた金運になってしまうのです。黒の長財布はすごく豊かな人が、もうこれ以上お金を減らさないように使うにはすごくいいと思います。

それから、二つ折りのお財布はダメで、長財布がいいともよく言われますが、わたしが見る限り、お金持ちのお財布は結構二つ折りのことが多いです。ですから、長財布か二つ折りかはあまり重要ではないと、わたしは思っています。

モテる女性のお財布の色はピンク

よく女性でピンク色のお財布を持っている人を見かけます。

風水ではピンクは出会いの色なので、恋愛とか出会い運がはなやぐことでしょう。

ところが、その分、お金遣いも派手になってしまいます。

これはわたしの持論ですが、ピンク色のお財布を持っている人は、美容にお金をかけすぎるタイプで、エステなどがお好き。

あるとき、誕生日プレゼントにいただいたご招待券で、エステサロンに行ったら、そこにいた女性たちの財布は、みんなそろってハイブランドのピンク色でした。

おしゃれをして身綺麗でいることは、とてもすてきなことですが、高級コスメやエステに散財して困っている人は、ピンク色のお財布はやめたほうがいいと思います。

今は安定した金運よりも、とにかく綺麗になって素敵な恋をしたいという女性には
ぴったりです。

7

運が悪い人には近づかない

不運のループにとらわれた人は、
まわりの運気も下げてしまいます。
運気を吸いとられそうな人からは、距離をおきましょう。

傍から見ていても、この人は貧乏くじばっかり引いているな、あまり近寄りたくないな、と思う人はいませんか。

自分のことを不運だと思っている人は、世の中も呪ってしまうし、自分の生まれてきた運命さえも呪ってしまいます。

そうすると、負の連鎖が起きて悪いものをどんどん引き寄せてしまう。同じようなネガティブな人たちがまわりに集まってくるのです。

もし自分を不運だと感じたなら、好きな音楽とか、好きな本とか、まずは自分を元気にしてくれるものに触れてみましょう。そうすれば、運は上向いていくでしょう。

もっといえば、なにか不運なことがあったとして、それを呪うか、感謝するかでは、ずいぶん結果が違ってくるはずです。

理不尽なことがいっぱい起こると「どうしてわたしばっかり、こんな目にあうの」とネガティブになってしまいがちですが、長いスパンでみてみれば、「禍福は糾《あざな》える縄の如《ごと》し」。人生にはいいことも悪いことも、どちらも起こるものだし、禍のほうをクリアして次のステップに行くと思えれば、負のスパイラルは断ち切れるように思います。

それができないと、誰か他人と比べては「あの人には不運なことはなにも起こらない」「みんなはしあわせなものを持っているのに、わたしにはなにもない」「自分ばっかり損している」と運命を呪い、どんどん運気も落ちていってしまうのです。

いつでも隣の芝生は青く見えるものです。

「あのお家は家賃収入で生きられてうらやましい」とか「夫の稼ぎで、あんなに毎日贅沢しておいしいものを食べて、おしゃれできていいな」とか、誰だってそういう嫉妬心がよぎることはあると思いますが、それを膨らませてしまうか、どこかで「わたしはわたし」と気づけるかでは、ずいぶんその後の人生は変わってくると思います。

とくに空亡のときは思考もネガティブに転びがちです。

他人と比べていじけるのではなく、神様から与えられた宿題に集中してそれを必死でこなすようにしましょう。

悪い運の人が近寄ってきたら

「この人に会うとなんかひどく疲れるな」「この人とかかわると、自分も後ろ向きになってしまう」と感じたら、その人とはしばらく距離をおいてみましょう。戸惑いも遠慮もいりません。自分の勘にしたがうことをおすすめします。

ＬＩＮＥでやりとりするだけでも気持ちが乱れると感じるのなら、しばらくやり取りをひかえ、折を見てこっそり抜けてもいいと思います。そういう勘を養うことは、運を上げるのにも役立ちます。

また、中には、ずっと同じグループで、それぞれがいないところで悪口を言い合っているような人たちがいますが、なんだかよどんでいるな、と思ったら、そこから抜け出す勇気を持つことがたいせつです。

美輪明宏さんは、世の中には魑魅魍魎《ちみもうりょう》な人がいっぱいいるのだから、恨みとか妬みとか、そういうものが飛んできたら、十字を切って蹴散らしなさい、縁を切っておしまいなさい、とはっきりおっしゃいます。

「相手にするな」「そういう場所にはいくのはおやめなさい」とたいへん手厳しいのですが、わたしもそのとおりだと思います。

四柱推命では、その人の運気だけではなくて、必ずまわりの人の運気も見ます。まわりの人の運気を受けて運は育っていくものだからです。よい運気はそれこそ毎日シャワーのように浴びつづけて、悪い運気はできるだけ遠ざける。そこは強く意識してください。

仕事関係の悩み

しばらく距離をとる、縁を切るといっても、会社の上司や同僚、仕事関係だと頭を抱えてしまうことでしょう。

わたしは毎朝、神棚と仏壇に手を合わせていますが、悪い運気の人に出会うことがわかっているときは「きょうはどうか、あの○○さんともめませんように」と神仏にお願いします。

縁切りができるような神社に頼ってもいいかもしれません。

また、わたしは占い師なので、生年月日から相手の運気の流れを知ることができます。

むやみに威張ってみんなが迷惑している権力者だったり、パワハラ上司だったり、彼らにお願いや訴えをするときは、相手の運気の弱っている日を調べたこともあります。なぜなら、そのような日は、相手がまわりの助けを得られなかったり、味方がいなくなったりする日だからです。

また、汚いことをしたり、ウソをついたりを平気でする人に、勇気を持ってこちらの正当性を主張するのもこの日が向いています。

占いは、理不尽に置かれている状況を解決するのにも役立ちます。

占い師でもない限り、相手の運気が弱る日まで出すのはなかなかむずかしいかもしれませんが、相手の運気のバイオリズムを知ることで先を見通せることもあるのです。

たとえば、威張りちらしている上司にうんざりしていても、「ああ、この人は来年から空亡期に入る、運気が下がって栄華をきわめられるのは今年まで」と思えば、腹も立たなくなります。すこしは気持ちが落ち着くでしょう。

ネガティブループな人とは、縁を切る

占い師をやっていたとき、いろんな人に出逢いました。そのなかでも、苦手だと感じたのは、いつまでもずっと愚痴っている人です。

ちょっと冷たいかもしれませんが、そういう人のことは面倒くさくなってしまいます。たとえれば、自分から悪い運を一所懸命引き寄せているような人です。

相談には応じましたが、「ああ、この人はずっと暗いところにとどまっていたいんだな」と気持ちが離れていくことも正直ありました。それでも、1時間のうち45分かけて話して、やっと上向いてくれたなと思ったら、またもとに戻ってしまう。負のループ、ネガティブループのような人です。こうなると、なかなか抜け出せません。

やっぱりそういう人は、ものすごくいい運気が来ても乗れなかったように思います。

ネガティブループの人の特徴は、とにかくなんでも悪く受け止めます。

たとえば、ホテルのスパのロッカーでたいせつにしていたネックレスをなくしたとします。ネガティブループな人はスパの管理体制を攻めてこんなところに来た自分の行動を後悔します。そうして〇万円もしたのにどうしてくれるのと、愚痴りつづけるのです。

一方、ポジティブな人は、なくしたことは残念に思っても、「もしかしたら、身代わりになってくれたのかも。今までありがとう」と、アンラッキーを感謝にかえて手放していくのが上手なのです。

いま、わたしが占うのはサイトだけで、対面ではしていません。

それでも親戚や、仕事仲間の俳優さんや番組のスタッフから、占ってほしいとたのまれることがあります。愚痴ばかりで負のループの人もいないことはないですが、スポットライトを浴びて表舞台で活躍する人たちは、やはりとてもポジティブです。

人間関係の断捨離も

人間関係に大きな変化が現れるのが空亡期です。

〈空亡〉が明ける〈未明〉のときは、身近な人や、大切にしてきたものが離れていきます。

その人にとって、この先も今のままでいいかどうか、ふるいにかけられるのです。

〈空亡〉のときは、つらくて「この事柄を解決できるだろうか」と不安でいっぱいになることもあります。

それが〈未明〉になると、新たな兆しが見えてくるのです。必要だった人が離れていったり、執着していたものが姿を消してしまうこともよくあります。

〈未明〉は、お日さまがこれから昇るというときですので、うっすらと遠くに光が見えてきます。この先10年、自分が向かうべきものが照らされ、はっきりわかるようになるのです。それは、自分が生まれ変わりつつあるからです。

また、この時期は、自分の良くないところに気づき、その殻をやぶるのにも適した時期です。抜け出せなかった苦労や、執着していた人間関係、まわりを傷つけるような恋愛を清算したい人などは、この時期がベターだと思います。

このように空亡から未明にかけては、自分の身のまわりをリセットする時期でもあります。人間関係の断捨離をすることでリフレッシュする場合もあります。

大切な人の死というかたちで、空亡が現れることもあります。

じつはわたしが十九歳の〈未明〉の年に、母を亡くしました。〈逢魔〉のとき母が病気になり、〈逢魔〉と〈空亡〉の2年間は大学にもほとんど行かずに、母の看病をしました。最愛の母でしたから、亡くなったときの喪失感はひどかったです。ほんとうに空っぽになりました。

それまでのわたしは母親にべったり依存し、何ひとつ一人では決められませんでした。そんなわたしが自分の足で立って歩き始めたのが、今思うと、その〈未明〉なのです。

わたしの人生で一番苦しい空亡期でしたが、若いときにそういう大きな空亡があったからこそ、占い師になり、脚本の道に進んだのかもしれません。その話はまたあとでゆっくりしたいと思います。

8

相性を信じるのはやめなさい

誰かに出会い、恋の予感がすると気になるのが相性。
惹かれ合うのは相性のチカラかもしれませんが、
じつはもっとだいじなことがあります。

恋をすると相手との相性が気になるものです。でも、じつはどちらにとっても高め合う、みたいな理想的な相性はほとんどありません。ごくまれにはいますが、そこにとらわれなくてもいいと思います。

ちょっと昭和の時代に時間を巻き戻しますが、おつきあいください。

あれはわたしがまだ二十歳のころ。山口百恵さんと三浦友和さんが結婚するニュースが駆け抜けました。当時、テレビのバラエティ番組で、50人の占い師がスタジオに集められて、おふたりの相性や将来を占う特番が組まれたのです。そこに出演依頼があった師匠の今村宇太子先生が、まだ占いの勉強を始めたばかりのわたしに「あなたが出なさい」とおっしゃいました。

そこには占星術、霊感、易、タロットとあらゆるジャンルの占い師が集まっていました。

「ふたりの結婚はどうなるか」の質問に、そこにいたわたし以外の49人の占い師は全員「ともに白髪が生えるまで末永く」というボタンを押しました。ところがわたしだけが「別れる」というボタンを押したのです。

今村先生に「もう一回、調べてみなさい」と叱られ、調べ直したところ、計算をミスしていたのです。結果は、ほかの占い師さんがおっしゃるとおり、たしかに、最高の相性でした。みなさんおふたりの相性に二重丸、三重丸をつけておられました。あれから40年、ともに白髪の生える年齢になっても、三浦友和、百恵さんは仲睦まじくしあわせそうですから、占いは当たっていますね。

どちらかが運をあげていることがほとんど

日本にいる占い師50人がこぞって、相性がいいと占った百恵さんと友和さんですが、あのおふたりでさえ、運勢的にはおたがいを高め合う相性ではありません。百恵さんの強い運を、夫の三浦友和さんに渡すという組み合わせです。

夫婦やパートナーの関係が、どちらにとっても好相性というのはあまりありません。差があるというか、強弱が若干あると言ったほうがわかりやすいかもしれません。運気は強いほうから弱いほうに流れ、どちらかが吸い取るものだからです。

人と人が深くかかわると、どっちかにとっては運を差しだすことになり、どっちかにとっては運をもらうことになるのです……。

もしも、どこかで占ってもらったときに、

「あなたにとって、この人はあなたの運気を吸い取る男性です」

と言われても、絶対あきらめないでほしいのです。

いつも彼に運気を吸い取られると思うとちょっと損をした気分になったりするかもしれませんが、こう思えばいいのです。

「わたしの愛情のほうが深くて、彼にわたしの運気をあげているの、彼の調子がいいのは、わたしのおかげね」と。

実際にわたしも「あなたの運気は下がるけれど、相手はそれを吸い上げて、上がっていくから、それがあなたの務めだと思って、がんばって」と励ましてきました。

また、夫婦の場合は、それぞれの役割をこなせばいいだけのこと。理想の相性にこだわる必要はないと思います。

それから、まれにいる「ともに高め合う」組み合わせの人たちは、出逢ったときから惹かれ合います。運命星が10種類と、運気の流れが12種類あり（P24～27をご参照ください）、組み合わせると全部で１２０通りありますが、同じ星の人だとより顕著に現れます。

その逆に、「運を下げ合うという」組み合わせの場合もあります。

ふたりが幸せな関係だったらわたしはそれでいいと思いますが、気にされる方には「好きなら結婚して一緒に住んでもいいですが、べったり一緒にいると互いの運気を下げてしまいますから、それぞれがちゃんと自分の世界を持ってください」とアドバイスしていました。

ちゃんと運気が外に開くようにしてもらいたいのです。

ですから、相手からの束縛がすごくきついときは、「やめたほうがいい」とはっきり伝えていました。

それから、恋人や夫婦以外では、親子にも相性があります。

独断的な親に振りまわされているという悩みも聞きますが、親を選ぶことはできませんし、子どもだって同じことです。

親子であっても相性が悪く、運を下げ合う場合は、中学から寄宿舎のある学校に入るとか、海外に留学するとかして、べったりしないほうがいいと思います。

ただ、このどちらも下げ合う組み合わせというのも、実際にはあまりありません。

空亡期のとき、プロポーズされたら

「空亡期のときに『結婚しよう』とプロポーズされてしまいました、どうしましょう」と、相談を受けることがよくあります。

占いでは、空亡期に出会って、その時期に結婚した人は別れることになると言われています。

でも、わたしはそういうカップルでも別れずに幸せな結婚生活を送る人たちを何十組も見てきました。先ほどお話ししたとおり、空亡期で赤ちゃんが生まれたカップル。それからもうひとつ、空亡の凶意を吹き飛ばす方法があることに気がつきました。ふたりが一度、物理的に離れるのです。

ですから、空亡期で出会ったカップルには「ケンカをしたら、すぐ仲直りしないで、一度別れてください」とお伝えします。一度別れて既成事実をつくってしまえばいいのです。

「空亡期に出会ったふたりは必ず離れなきゃいけないなにかが起こると言われていますが、もしなにも起きなくて気になるのなら、1回無理やり連絡をとらない時期をつくってみてください」とアドバイスします。

「えっ、こんなに好きなのに、別れなきゃいけないんですか?」とも聞かれるのですが、たとえば1か月連絡をとるのをやめて、あえて冷却期間をつくるのです。会えないのはつらいことですが、それでどちらかの気持ちが離れてしまったのなら、もともとその程度の結びつきだったのです。もしもその間に相手がほかの人のもとに行ってしまったら、それはほんとうに縁がなかったということ。さっさと忘れて、つぎの恋に進みましょう。

それから、もうすぐ空亡に入る人だと、その前に結婚してしまったほうが絶対にいいので、急いだほうがいいとアドバイスすることもあります。

かつてこんな人がいました。彼女のほうが由緒ある名家のお嬢様で、ご両親が結婚に反対されていました。「親の反対で結婚できない、どうしようという」と相談を受けたのですが、そのときは「あなたたちは相性もいいし、占いでみると今結婚したほうがいい。ふたりに強い気持ちがあるのなら、年内に結婚してください。それを過ぎると難しくなります」と伝えました。

その言葉に、ふたりはギアを入れ換えたようです。

とてもご両親をたいせつにされている女性でしたが、親の承諾を得ないまま入籍して事実をつくったのです。そこから騒ぎが大きくなって大変でしたが、結果的にすぐに赤ちゃんができて、今はご両親もこの結婚を認めてくださっています。長くはかかったけれど、ふたりはとてもしあわせに過ごされているそうです。

こういうのを聞くと、占い師としてもうれしいものです。

恋愛は自由。略奪もありだけど、覚悟の上で

わたしは不倫ドラマを多く書いてきましたし、占い師の頃は数えきれないほど不倫の相談にも乗ってきました。

だからというわけではないですが、出会いは自由なのだし、心変わりは誰にでも起こるもの。人の彼氏を好きになったりするのも仕方ないことだと思います。

しかし、恨みをかうような形で奪ってしまってはいけません。

なぜなら、人の恨みほど恐ろしい感情はないからです。

占い師のころ、なんどか通ってこられた女性の話です。

悩みは深刻でした。職場の人間関係がこじれて仕事は停滞。肉親も友人もなぜか彼女から遠ざかり、すべてが八方塞がり。ところが調べてみると、ものすごく良い運気の時期なのです。これはおかしい。

「ひょっとして、誰かから恨まれるようなことはありませんか?」と尋ねたら、彼女

は急に泣き出してしまいました。不倫の恋をしていて、奥さんがなかなか別れてくれないというのです。

妬みというのは相手の一方的な「うらやましい」という感情ですから、放っておけばいいこと。ところが、恨みはたがいの関係から生まれるもの。その奥さんはきっと一日中、彼女への悪い感情にとらわれているのでしょう。当然、その悪い気は彼女に飛んできます。なんとかそれを解消しないと、ものすごく良い運気がかき消されてしまうと思いました。

時間を止められないように運の冷凍保存はできません。運を使いすぎると減るという人がいますが、それは嘘です。運はナマモノ。早く取り込んで栄養にしないと、たちまち変質して消えてしまう。

「ちょっとあなた、こんなに良い運気なのにもったいないじゃないですか！」

運気が良いのに、ろくなことがないという人は、たいがい誰かの恨みを買っているのです。

彼女の場合、不倫相手の奥さんを嫉妬や怒りの感情から解き放ってあげられればいいのですが、なかなかそれもむずかしい。彼女が本来の運気を取り戻すために一番良いのは、彼をあきらめて奥さんのもとへ返すことですが、「彼と別れるなんて無理です。奥さんが彼と離婚してくれる方法を教えてください」と言うのです。

さて、困りました……。わたしの占いの先生がこういう相談者に諭す言葉をそのまま伝えることにしました。

略奪婚した人は、元奥さんにしてみたら「あなたさえいなければ」と思って当然です。恨みを受けつづけることを覚悟してください。そして、それは一生背負うことになります。

もしできることがあるとすれば、あなたと彼が深く傷つけてしまった相手のしあわせを祈ること。別れた奥さんがしあわせになるように、毎日祈るのです。それしかないと思うし、その思いはいつか届きます。いつまでも未練がましく、いじわるしないでよ、なんて思わないこと。

おたがいに悪いものを飛ばし合ってしまったら、向こうもこちらも、ろくなことはありません。裏切られた方もいつまでもその思いにとらわれていたら、運気は落ち続けます。あなたも奥さんも彼もです。

相手の幸せを心から願うことできますか。そうでなければ、略奪なんかしないことです。

あきらめきれない恋の行方と期日

ずっとひとりの相手を想いつづけて、ふられても、ずっとストーカーのようにつきまとってしまう人がいます。

占いで見ると、かなう恋なのかどうかはわかります。

かなう場合は「もうちょっとがんばりなさい」と励ましました。

一方、忘れたほうがいい場合は、「今とにかく断ち切ってしまわないと、そのあとにものすごいいい出会いがあるのに、全部帳消しになってしまいますよ」とはっきりお伝えしていました。

誰しも、かなわぬ恋に落ちてしまうと、もうつぎの出会いはない、と思いがちですが、そんなことはなくて、いくつになってもつぎの出会いは必ずあります。

ほんとうは幸運期なのに、いつまでも終わった恋に踏ん切りがつかず、せっかくのいい出会いを逃してしまうなんて、もったいないと思います。

9

スピリチュアルなパワーを上手に使いなさい

とくべつな霊感はなくても、なんとなく気がいいとか、いやな予感がするということは誰にもあるでしょう。目に見えない世界に耳を澄ましてみましょう。

占い師をしていましたというと、かならず「霊感があるのでしょうか」と聞かれるのですが、わたしにはそういうスピリチュアルな力はありません。

女優さんたちを見ていると、ひょっとしてこの人は霊感があるのではと思うことがあります。女優さんは、どこか神様の言霊を伝える巫女さんのようだからかもしれません。わたしのドラマにも出演してくれた米倉涼子さんや吉高由里子さんは、役が乗り移ったというか、神がかっていると感じます。

『ハケンの品格』の篠原涼子さんもそうです。彼女は米倉さんと同じ星なのですが、動物的な天性の勘で、誰よりも台本の読み込みが深く、いつも感心させられます。役者さんのなかには「この役の履歴書を作ってください」という理屈から入る人もいて、そういうタイプの役者は、自分の役を論理的に積み重ねていくのですが、彼女たちはその真逆。直観と瞬発力でなにかが憑依《ひょうい》したようなことができてしまうのです。「ああ、女優になるために生まれてきたのだ」としみじみ思います。

その意味でも、わたしにはそんな能力はありません。ところが最近、美輪明宏さんから「あなたは幼いころ、霊感があったでしょう」と言われてびっくりしました。

霊能者の方にも、わたしが幼いときに、いろんなものが見えて「どうか見えなくなりますように」と一所懸命なにかにお祈りしている姿が見えると言われたのです。

そして思い出しました。毎晩布団のなかで「どうかこういう怖いものが見えなくなりますように」と、神様、仏様、キリスト様「どなたでもいいですから、見えなくしてください」と頼んでいたことを。5歳か6歳ぐらいのときだったと思います。すっかり忘れていました。

神様にお願いが通じたのか、いまはまったくありません。

大好きな向田邦子さんのこと

わたしは向田邦子さんが大好きで、とてもあこがれていました。それで向田さんの妹さんがやっておられた「ままや」という料理店に足しげく通ったり、向田さんがお住まいのマンションのまわりをうろうろしたり。また、鉛筆はステッドラーの5Bとか、鉛筆削りはこれだとか、愛用されている文房具を真似していました。それぐらいファンだったのです。

だけど、自分が脚本家になりたいとか、まだそんなことは思っていませんでした。ただただ、向田さんにすごくあこがれていました。

そして、あの夏の日がやってきたのです。

当時つきあっていたボーイフレンドが盛岡にいたので、大学の夏休みに会いに行った帰りの新幹線でのこと。わたしがうとうと眠っていたら、急に停電になってガタンと列車が止まり、あたりは真っ暗になりました。目を覚ましたわたしは、「あっ、ここは新幹線の中か」と我に返ったのです。

そのとき見ていた夢――。

それは、向田邦子さんと旅行に出かけているというものでした。旅行鞄をふたりとも手に持ち、雲の話をしたのを憶えています。

わたしはすごくファンだったから、夢でもとてもうれしかったです。

そして、うちに帰ってテレビをつけたら、あの台湾上空での飛行機事故のニュースが流れていたのです。もうほんとうにびっくりしました。

これがわたしの唯一のスピリチュアルな体験です。

わたしにとって、向田邦子さんはほんとうに特別な方……。

この話をすると、「じゃあ、そこで向田さんが乗り移ってくれたんじゃないか」とみんな言ってくださるのですが、まったくそんなことはないです。

向田さんは52歳で亡くなり、あれだけのすばらしい仕事をなさった。一方、還暦も過ぎたというのにわたしは……。

１９８１年8月22日。わたしは22歳でした。

自分は言霊で書かされていることがある

霊能力はまったくないわたしですが、たまにセリフを書いていて、「いま、自分が書いているんじゃないな」と思うことがあります。ふと気がついたら、そのシーンが書きあがっているのです。

わたしがドラマを書くときは、いつも、頭の中に小さいスクリーンがあって、そこでたとえば、米倉涼子さんなり、岸部一徳さんなりがケンカを始めたり、動き始めたりして、わたしはそれを書きとっている感じなのです。なかなか動かないこともあれば、バーッとすごく勝手に動いてキーボードを打つ手が間に合わないこともあります。

ほんとうに不思議なのですが、「あれ、ここ書き終わっちゃった」というときは、その人たちがシーンを演じてくれて、わたしはそれを書きとっているだけというか、まったく自分の力を使っていないようにさえ感じるときがあります。

たいていそういうゾーンに入るときは、ヘロヘロにくたびれたころ。最終回を書いているときとか、いちばんのクライマックスシーンを書いているときです。子どものころに封印した霊力が助けてくれているとしたら、うれしいですが、もうちょっと早く助けてくれても……。

沖縄の御嶽《うたき》で神がおりてきた

林真理子さんとふたりで沖縄に遊びに行ったときのこと。

首里城の近くにある「首里金城の大アカギ」というパワースポットがあり、会社を経営なさっていて霊感がものすごく強いスエコさんが、わたしたちをそこに連れて行ってくださったのですが、着いた途端、スエコさんがわたしの手にすがって泣きはじめたのです。もう号泣なさっていました。そして、「神様があなたたちをずっと待っていらした」というのです。鳥肌がたちました。

号泣なさっているスエコさんの様子に、あとからゆっくりこられた林さんはびっくりして「中園さん、なにしたの?」と。わたしも「よくわからなくて。ここに着いたら、急に泣きだされて……」と説明するしかありませんでした。

これが不思議体験の始まりでした。

スエコさんには大アカギの神様の姿がはっきり見えるらしく、わたしたちにおごそかにこう言ったのです。「神様が今降りて来ていらっしゃいます。『あなたたちの望みをかなえるから言いなさい』とおっしゃってます」と。

少しの沈黙のあと、「ダイエットに成功しますように」という林さんの声が響きました。

それまでのただごとではない雰囲気にわたし自身も気持ちが高ぶっていたので、「ふざけないでください。そんなお願いをして」と、思わず叱ってしまったほどです。

そして、あらためて、今度は「じゃあ、ふたりで大河ドラマを実現できますように」と林さんがお願いされました。

すると、「かなえます。今、その望みを神様がかなえると言っています」と。ふたりでいいこと言われてよかったねと喜んでいたら、それから1年後にほんとうに大河ドラマ『西郷どん』の企画が決まりました。

思えば、ドラマの舞台は奄美大島や鹿児島、沖縄に近い場所でした。

そして、最近のことですが、林さんとお礼参りに行ってきました。

そうしたら、気前のいい神様で「また、もっと望みを言っていい」とおっしゃったのです。林さんが「海外でも小説が売れますように」とお願いしたら、スエコさんが「中園さんの作品も海外にいきますよ」と言われました。

さて、どうなるでしょう。

霊感のある人に会うのはいい

わたしには霊感がないので、その場所の気がいいとか悪いとか、あまり感じないのですが、最近親しくなった霊能力のある先生とお鮨を食べに行ったとき、先生が「ここは気がいい」とおっしゃいました。するとその店は、あっという間に1か月先まで予約が取れないお店になってしまいました。

こんなとくべつな霊感はなくても、どんな方にもシックスセンス的なものが働くことはあると思います。

沈む船からはねずみが逃げだすような動物的な勘というか、野生の勘というか。人間もかつては強かったと思いますが、科学が発達して、そうした危険を察知する能力みたいなものは弱くなってしまっているのでしょう。

だけど、もし、なにか心がざわっとしたら、直感を信じて従ったほうがいいとわたしは思います。

それに、シックスセンスに敏感になることで、自分の運気にも敏感になり、好運をつかまえやすくなるでしょう。

占いを生かしやすくなるメリットもあります。

パワースポット巡りはしない

手当たりしだいにお詣りしてはダメ、よけいなところにまであいさつに行く必要はございません。

氏神様を大切にしていればいいのです。

美輪明宏さんにはいろんなことを教わりましたが、そう言われたときにほんとうにそうだなと思いました。

全国津々浦々のパワースポット巡りがブームになり、じつは、わたしも旅行などで人に誘われると、そういうところに足を運んでいたのですが、ある時、熱心にパワースポット巡りをしている人には、なぜかあまり幸せそうな人はいないないなと思ったのです。

「触らぬ神に祟りなし」

美輪さんのこのひと言でわたしの迷いは消え、パワースポット巡りはすっきりやめました。

大きな番組を引き受けたときには、伊勢神宮にも参拝します。

今村先生が政治家の方などに「あなたの仕事は、国を背負うようなものだから、伊勢神宮にお詣りしなさい」と言っていたのを思い出したからです。朝ドラを引き受けたとき、毎朝15分間、全国津々浦々に流れるのだから、やはり神様のチカラをお借りしなきゃと思いました。

それに、わたしは伊勢神宮に行くと、心が晴れやかになるのです。ここぞというときは、きまって天照大神様にごあいさつにうかがいます。

あとは、信頼できる占い師の方におすすめされたところにも素直に行きます。昨年、あることを相談をしたところ、「今すぐ猿田彦様にお詣りに行きなさい」と言われたので、山王神社の中にある猿田彦神社をお詣りしました。それから1週間も経たないうちに願いがかないました。びっくりして、すぐお礼詣りに行こうと、うちの玄関から駆け出したら、青い空に猿の横顔のようなかたちの大きな雲が浮かんでいて、それこそ腰を抜かしそうになりました。写メを撮って占い師の方に送ったら、「ちゃんと見ているから、大丈夫だ」ということを伝えるために猿田彦様が姿を見せてくれたそうです。心からありがたいと思い、とても清々しい気持ちになったことを憶えています。

10

運気に深呼吸をさせなさい

運は生き物だから、メンテナンスが必要です。
ときどき風を通したり、日差しにあてて
リフレッシュさせてあげましょう。

「最近、なんだかツイてない」

そういうことは、たぶん霊感がない人でも自分でわかると思います。そういうことに敏感になるのはいいことですし、占いを使って、いま自分はどんな運気なのか知ることはとても大事です。運を上手に育てている人は自分の運気にとても敏感です。

同じ悩みでも、運気がいい時期と空亡期では過ごし方が異なりますので、まず、あなたの運気をわたしの占いサイトで調べてみてください。

そして、運気がいい時期にもかかわらず、うまくいっていないと感じているのだとしたら「運がよどんで」いるのかもしれません。

「運がよどむ」というのは、運が弱り、動きがないこと。新陳代謝ができなくて風通しが悪くなっている状態です。まずは一度、戸外に出てみて、いい気を吸うことをお勧めします。そうすると運気のいいときなら、本来の運の強さが出てくると思います。

うまくいかないときは日常に小さな変化を起こす

そして、運気の風通しをよくしましょう。日常になにか小さな変化を取り入れてみましょう。

たとえば、ファッションを変えてみる、メイクとか髪型を変えてみるのも運気を変えるきっかけになるでしょう。いつものルージュの色をがらりと変えてみたり、ネイルをしてみたり。また、髪をカラーリングするとか、パンツばかりはいていた人はスカートにしようとか、いろいろチャレンジしてみてください。ほんの少し変えるだけで、よどんでいた運がクリアになるでしょう。

わたしが運気の流れを変えたいときには、ドクターコパさんの風水を参考にしています。ラッキーカラーをファッションのどこかに取り入れてコーディネイトするのです。

それから、占い師を変えてみます。占い師のわたしがそんなこと言ったら顰蹙《ひんしゅく》を買うかもしれませんが、自分の占いではないものも素直に信じます。

変えるのは生活スタイルでも構いません。これまで外食が多かった人は、自炊して家ごはん中心に変えたり、逆に毎食家で食べていた人は外に出かけてみたりと、いつもと逆のことをすると、気分ががらりと変わるでしょう。夜型から朝型に変えて早起きしてみるのも、とてもいいと思います。

あとは、普段あまり読書をしない人なら、長編小説をがんばって読んでみるとか、映画もいつもとちがうジャンルの作品を観るとか。カーテンを買い替えるとか、クッションを買うとか部屋の模様替えをしてインテリアを変えるのも、いいかもしれませんね。ほんのちょっと変えてみるだけで、運気が動きだすことがあります。

美術館、小旅行、海辺の波音

ちょっとした時間を見つけて日帰りの小旅行に出かけるのも、いいものです。都心から2時間以内で、海でも山でも温泉地でも、簡単に出かけられます。

わざわざ計画を立てなくても、思い立ってふらっと出かけてしまいましょう。ある人は会社に向かうのが憂うつになって、衝動的に半休をとり、まぐろで有名な三崎漁港まで特急に乗って行ったそうです。「みさきまぐろきっぷ」という周遊券と食事券が付いたものを買って、漁港でぼーっと海を見て、まぐろ丼を食べて帰ってきて、何食わぬ顔で仕事に戻ったら、たった数時間のちいさなひとり旅で気分が変わり、その後の気の流れがぐっとよくなったそうです。

美術館でゆっくりと絵を見てもいいし、海辺に出かけてただ波音を聴いたり、砂浜を歩いたり、夕陽を見るだけでも、とても気が晴れると思います。こうやって自分の力である程度、運気は変えることができるのです。

外出できないときは、窓を開け放っていい空気を送りこむだけでも、運気はアップします。

それから、運は自分ひとりのものではなく、まわりの人からもらったり、あげたりしながら、よくも悪くも影響を受けているものです。運気は人の影響が大きいですから、いつものメンバーとは違う顔ぶれで集まるのもいいかもしれません。友人関係を変えてみるのもいいと思います。

運気の風通しをしても調子が上がらない場合、人からの恨みが飛んできていることもあります。家族、恋人、友人との関係がこじれていないか、周りの人たちが健やかに過ごせているかどうか、心を配りましょう。

空亡期の「変化」について

日常に小さな変化を取り入れることは、空亡期でも有効な方法ですが、使い方には注意が必要です。

空亡期のマイナスを、いつもと逆のことをすることで、マイナス×マイナスでプラスに転じるという考えですが、空亡期は感覚が狂いやすい時期でもありますので、あまり長い間いつもと違うことをすると逆効果になってしまいます。一時的に使うことと心得ておきましょう。

また、転職や引っ越しなど、この時期の大きな変化については避けたほうがいいと言われていますが、堪えられないぐらいつらい職場で、気持ちが病んでしまうぐらいなら、それ以上そこにとどまることはないと思います。その代わり、空亡期中に転職したら、もう一回転職するだろうな、と心づもりをしておいてください。

それは住まいも同じです。そこに住んでいたくないぐらいひどい状況になったり、なにかの事情で引っ越さないといけなかったりすることもあるでしょう。そんなときは流れにまかせることです。引っ越した先では「ここはあんまり長くはいない。とりあえずいまはここにしよう」という感じで構えておくのがいいと思います。

それもすべて、次の好運期の波に思いっきり乗るための準備なのです。

運気が良いとされる〈福寿縁〉には、どんどん積極的に動きましょう。とくに、新たな始まりである〈胎生〉では、チャンスもたくさんあり、今までとは全く異なるタイプのひとと知り合うなど、がらりと風向きが変わったと感じるはずです。これは、空亡期を乗り越え、一つ上のステージに立ったからこそ味わえる体験です。〈胎生〉の年はこれからの十年の幸運期を決める大事な時期でもあります。空亡で身につけた強さやしなやかさを存分に活かして、アクティブに新しい環境を謳歌してください。

わたしのリフレッシュ法　盛り塩とスイミング

わたしは、なんとなく運気が滞っていると感じたときは、部屋に盛り塩をすることがあります。占い師なので塩で清めることは日常的なことです。ふつうのご家庭でも、白い小皿に神社などで購入できる塩を盛っておくと、邪気が払えるように思います。

もうひとつ、わたしがリフレッシュできるのは13年前からコーチについて練習しているスイミングです。始めるきっかけは、『ぴったんこカンカン』にゲスト出演されていた脚本家の橋田壽賀子先生でした。

じつはわたしは僭越ながら、橋田先生と四柱推命の星が同じ。そういう意味では、先生も本来は勤勉ではないはずなのに、とても精力的にお仕事をなさっています。あんなに力強い作品を次々にお書きになる秘訣を知りたいと思っていたら、番組で水泳をなさっている映像が映ったのです。

そのころ、体力に自信がなかったわたしは、さっそく水泳を始めました。運気もちょうど、なにかをスタートするのにぴったりの〈極楽〉でした。だから、つづけてこられたとも思います。

プールで泳いでいると、からだもリフレッシュできますが、得意なバタフライで泳ぐと仕事のストレスから解放されます。

謙遜は運を育てない

運を育てるためには、日ごろの会話にもちょっとしたコツがあります。みなさん、人から褒められたとき、「いいえ、わたしなんて」と謙遜したり、「どうせお世辞でしょう」と受け流したりしていませんか。

誰かに褒められたら、その言葉をちゃんと身体のなかに入れましょう。

せっかくの言葉を謙遜して身体から押し出さないこと。そうすることでいい運気が運ばれてきます。

そしてこんどはあなたがまわりの誰かを褒めて、いい運を渡してあげましょう。そうすることで、どんどんしあわせになりましょう。

11

占いで長期プランを立てなさい

目先の運だけ見ていてはだめ。
四柱推命は12年周期の運の流れを教えてくれるので、
長いスパンで人生プランが立てられます。

あなたは占いでどんなことを知りたいですか?

「いま、ちょっと秘かに恋している彼との相性」

「プロジェクトの行方」

「結婚できるかどうか」

「子どもがいつごろ授かるか」

「運命の出逢いはあるか」


占い師のわたしのもとには、さまざまな相談事が持ち込まれます。

わたしが今村先生のもとで勉強した占い、四柱推命は、目先のことよりも人生の大きな計画を立てるときに向いています。

人生プランを立てるのはもちろんですが、自分の年表をつくって、過去をふり返るのにも使えます。

たとえ夢や希望があっても、そこにはどういう道筋で、どうやってたどり着けばいいかわからないこともあると思います。目の前の一歩を踏みだせずに「このまま終わるのかな」と逡巡《しゅんじゅん》しているときに四柱推命が背中を押してくれるのです。

それは、わたしが占い師をしながら「やっぱり脚本家になりたい」と、空亡期に落ちる直前で一歩を踏みだせたように。いま踏みださないと、この先3年は待つことになる、とか。自分をふるい立たせ、人生のギアを入れるのに四柱推命ほど適したものはないかもしれません。

また、運気が良い〈福寿縁〉だったら、迷っているなんてもったいない。人生のギアを全開にして、思いっきり挑戦すればいいのです。アクティブな運気があなたを味方してくれるでしょう。とくに12運勢の中で最高潮の〈極楽〉は、自分の考えが思うように進み、目的を達成できる年です。結婚や転職、引っ越しや起業など、何か大きな決断をするのにとても良い年ですから、勇気を出して行動に移しましょう。

運気が低迷する空亡期のときだったら、思いどおりの結果は出ないかもしれないけれど、それを覚悟してやってみればいいのです。もし失敗してもやっぱりそういう時期だったと思えば怖くないし、なにか課題が見つかるかもしれません。自分に足りないものがわかったから、この空亡期に努力して勉強しよう、吸収しようと前向きになれると思います。

また、いまは踏みだすべきときじゃないから準備をしっかりしようとか、四柱推命で運気の周期を知っていると、人生を長いスパンで考えられると思うのです。

「ずっといい運がつづく」ということはありません。

運気にも春夏秋冬があり、落ちるときがあれば上がるときもある、それをくり返しているのです。その暦のようなものを、自分でしっかりと理解していれば、上がっていくときは大胆に進めばいいし、落ちていくときも決して怖くありません。

運気が落ちる時期、空亡期は、神様からその人に足りない課題をさせられる修行の時期です。この時期の過ごし方としては、逃げずにその課題に一生懸命取り組むことであり、それが厄落としにもなります。

あるいは、空亡のときに信じられないような、とてもいいことが起きることもあります。奇跡とはちょっと違う、自分の能力以上のことができてしまうことがあるのです。これにはすこし警戒しましょう。そこではしゃいでしまうと、ちょっとまた怖い厄が待っていたりします。でも、神様は乗り越えられない試練は与えないと思いますので、あまり恐れすぎないでいいと思います。

空亡の前、老熟の後半あたりから、自分のここが勉強不足だな、ここが弱点になるなと、やるべき宿題が見えてくることがあります。それが、今回の厄だと思うと、それを乗り越えればよいのですから心構えもできると思います。

そして、空亡に近づくと、自分の都合どおりにいかないことが起こります。たとえば、転勤とか、親の介護とか。これまで舗装された見通しのいい道を歩いていたのに、先の見えない曲がり角を曲がるような。

どうか焦らず「ああ、今回の自分の宿題はこれ」なんだと。これをクリアすれば、足腰が強くなって、より高い山に登れる。ステージが上がる、と前向きにとらえてほしいと思います。

つらい時期は2年と思えば、がんばれる

くり返しになりますが、空亡期はどなたにもやってきます。

占い師をしていた頃、多くの人がこの時期を抜けてしあわせになっているのを見てきました。

しかし、わかっていても、空亡のさなかはとてもつらいものです。

ですから、わたしは「この試練は必ず乗り越えられます」ということを伝え、「抜ける時期」を必ずお知らせしていました。出口を教えないなんて、なんのために占い師のところにきたかわかりません。目の前で手帳を開いてもらい、必ず書き込んでもらうようにしていました。

空亡期は、2年以上は続きません。

2年で終わると思えば、つらくても人間はがんばれると思います。

空亡期なのに何も起こらないと感じたら

空亡の時期に、思いあたるような不運にも見まわれず、運の落ち込みもないと感じる人がいます。それはラッキーなことなのでしょうか。

わたしは、むしろ警戒したほうがいいと思っています。

もしかしたら、空亡期の宿題に気づきながらも、そこから目を背《そむ》けていませんか。宿題は逃げてもついてくると思います。しっかり向き合い、粛々《しゅくしゅく》と取り組んでください。そうすれば、それを乗り越えたとき、ひとまわり大きくなった自分を実感できるはずです。

また、運はまわりの人たちと影響し合っていますから、ごく身近なまわりの誰かが厄を背負い込んだり、持っていってくれたりしているのかもしれません。占い師をしていたときには、空亡の前後にペットや家族が亡くなった話もよく聞きました。まわりの人に感謝する気持ちを忘れないでください。

目先のことだけ占うなんてもったいない

長いスパンでの占いは怖いほど当たります。テレビにゲスト出演して、著名な方を占うことがありました。

『ゴロウ・デラックス』（２０１６年11月放送／ＴＢＳ）で稲垣吾郎さんを占ったときのことです。「稲垣さんは、じっとしているのは苦手ですよね」と、占いで出た性格をお伝えすると、「苦手です、苦手です」と納得されていました。

「苦手なのですが、今年と来年はできるだけ、静かな場所で自分と向き合って、じっと物を考えたりしてほしいんです。３年後には、今と全然違う生活をしていると思います」とお伝えしたところ、「結婚ですよ、来た！」と盛り上がっていただきました。占いでは２０１９年に結婚相手に出会う可能性が高いと出ましたが、さてどうだったでしょう。

もうひとり、フリーアナウンサーの有働由美子さんが『あさイチ』の司会をなさっているころに、番組で占いました（2014年9月放送／NHK）。有働さんと言えば、ものすごく素直で気立てがよくて情熱家でこんなにおきれいなのに、仕事が忙しすぎて、恋愛や結婚どころじゃないのかなと気になっていました。ご本人に伺ったら結婚願望はあるそうです。

占いでは、正義感が強く、長いものに巻かれない、ほんとうに純粋でかっこいい女性です。そのうえ細やかで女らしいところもあり、結婚したいと思う男性は山ほどいるはず。なのにどうして？　と首をかしげたのですが、さらに詳しく占うと、男性の好みが独特なのです。有働さんが好きになる男性は、はなやかで女のひとにモテる人。ほんとうは、そのとき一緒に司会をしていた井ノ原快彦さんのような誠実な人と結ばれるといいのですが、これまた、井ノ原さんは有働さんのような女性は仕事のパートナーとしては最高ですが、結婚相手には選ばないのです。

有働さんの手相をみると、かなり晩婚で結婚する、と出ていました。いちばん近いところで、2021年。とてもいい強い結婚運がそのあたりにあります。その前にも、チャンスはありましたが、どうもいつも選ぶのは、ほかにも女の人がいっぱいいるような人でした。またずいぶん先になりますが、65歳でものすごい金運に恵まれるとも出ています。『花子とアン』で人気だった石炭王の嘉納伝助さんのような男性と結婚なさるのではないでしょうか。

いま、ふり返ると出産は大きな転機だった

わたしが息子を出産したのは、1993年、34歳のときでした。未婚の母でした。妊娠がわかったとき、産むかどうか悩みました。一日、生まないことを考えていたら、とても苦しかった。そして、翌日産むことを考えてみたら、ご飯がとても美味しかったのです。わたしはお腹の赤ちゃんに「生まれておいで、生きるって楽しいから」と語りかけました。

38時間の陣痛にたえ、ようやく会えたちいさな息子を見た瞬間、「この子を飢えさせるわけにはいかない。今、この瞬間に、わたしは脚本家やめないと決めよう」と心のなかで誓ったのです。

のんびりぐーたらな人生を夢見ていたのに、なんでこんなことになっちゃったのだろうと思ったこともありましたが、みんなに助けてもらいながら子育てしたことで作

品の幅もすごく広がったし、息子というかけがえのない存在を得たことで、初めて真剣に仕事に向き合えました。自分を甘やかして逃げてばかりの怠け者だったわたしが、変わることができたのです。

そして、自分のことが好きになった。

思えば、この年は、いろんな物事を決定する〈縁起〉の年でした。

わたしはシングルマザーで息子を育てましたが、もしも誰かにシングルマザーになることを相談されたら、絶対に反対します。人に勧められるようななまやさしいものではないからです。パートナーはいたほうがいいです。でも、そうはいっても、さまざまな事情でひとりで生んで育てるお母さんもいるでしょう。その人の人生ですから。そんなときはもちろん、全力で応援します。

万が一、玉の輿《こし》なんかに乗れていたら、わたしは今とは全く違う人生になっていたと思いますが、かなりの確率で離婚していたかもしれない。結果的にシングルマザーという人生は、私にとって最良の選択だったと、今は心から思っています。

12

占いを使って夢をかなえなさい

おとなになっても、夢を持つのは素晴らしいこと。
占いで運気の流れをつかんだら、
夢をかなえるために行動しましょう。

占い師として、脚本家として、これまでたくさんの人に会ってきました。そのおかげで人間を観察する力は誰にも負けないと思います。人相学も少しだけ勉強しました。うまれつきの顔の造作にかかわらず、とてもいいお顔をなさった人に会うことがあります。それは決まって、運とうまくつきあい、運をうまく使いこなしている人なのです。

わたしが個人的に運が強くて魅力的だなあと思うのは、『ドクターX』のシリーズIで毒島院長役を演じてくださった伊東四朗さん。伊東さんはお若い頃よりも今のほうが、幸せをよぶ福相だとわたしは思います。それから、『ハケンの品格』で里中課長を演じる小泉孝太郎さんの父上、元首相の小泉純一郎さんです。おふたりとも人間的にとても魅力的ですし、星のならびもチャーミングな方たちです。チャーミングなんていったら、失礼かもしれませんが、その人にしか出せない魅力を持っている人は、みなさんほれぼれするような強運です。

女性なら、『トットてれび』で半生を脚色させていただいた黒柳徹子さん、『ドクターX』シリーズⅥで浜地真理役を演じた清水ミチコさん。おふたりとも好奇心が豊かでピュア、いつも面白いことを探していて、好きなことだけをしてきた目をなさっています。だから、あんなに若々しいのでしょう。

空亡の顔をしているわたし

女性も運をうまく使っている人はきれいです。美しいですね。

60年生きていると、いろいろなことがわかってきます。

過去の自分の写真を見ると、調子よかったなという頃は、自分でも運気がよさそうな顔をしているし、無理していないのです。洋服の色も、自分の本質に合った色をちゃんと着ています。

運気とうまくつき合っていると、気持ちも前向きになり、好奇心も高まってアクティブに動くようになります。新たな出会いもあり、世界もどんどん広がっていきます。そうしたプラスのループは、自信を芽生えさせ、顔つきをチャーミングにしていくというか、そのひとらしさ、そのひとにしか出せない魅力を引き出していくのです。「福寿縁」は、まさにあなたがあなたらしく輝くときです。運気を味方に、どんどん積極的に動いて、夢にチャレンジしてほしいと思います。

いっぽう、すごいスランプだったという頃は、美しくないし、自分で見ても、お化粧とか髪型が完全に間違っていました。調子が悪かったというのがよくわかります。自分でわかるぐらいだからまわりから見たらもっとよくわかるでしょう。

とても恥ずかしい写真があって。これは脚本家になってすぐの頃、いちばんドーンと落っこちたときです。美容師さんに勧められるがままにカーリーヘアにしていて、笑顔もお化粧も変。これは「空亡の顔」しているな、と自分でも思います。

脚本は全然うまくならないし、男の人にもモテなくて、ヤケ酒ばかり飲んでいました。

占い師をしていたとき、空亡に入っている女性が、まったくその人に合わない色を着ていることがよくありました。ほんとうは白黒のモノトーンがいい方なのに、真っ赤な洋服を着ていたりして、なにか感覚がズレてしまっているようでした。

でも、あえて自分の本質とはちがう色を着てみるのも、じつはありなんです。マイナス×マイナスでプラスに転じる。うちの今村先生はそう教えてくれましたが、いい運気になってもずっとズレたものを着ていると、いろんなことが狂ってきてしまうので、カンフル剤みたいにちょっとの間だけ着てみるほうがいいかもしれません。

占いで人生の年表をつくる

占いは自分なりのシナリオを書いて、長い目で人生設計するために使う道具です。そこで自分は何をするために生まれてきたのかをきちんと見つめ、いつか必ずそこにいけるとまず思うこと。そのためには、この、占いという道具をどう使っていくかを、自分なりに考えておくといいのです。

わたしは、占いは夢をかなえるためにあると思っています。

ですから、まずは自分がなにを望み、どんな夢をかなえるために生まれてきたのかを見つめなおすことがたいせつだと思います。

ほんとうに欲しいものやかなえたい夢があるのなら、つよく強く念じてみる。そこから強運が始まるように思います。

そして、何年かかっても、絶体絶命のピンチが起きても、絶対にあきらめないことです。つらいことをぐっと飲み込み、乗り越えていく強靭《きょうじん》さを持ってほしいと思います。

結局のところ、〝わたしはそれを手に入れるにふさわしい人間だ〟という自信を持たないと、欲しいものや夢はなかなか手に入りません。

とはいえ、自信も努力して手に入れるもの。最初からある自信なんて、ただのうぬぼれで勘違いです。

なにかをやり遂げてこそ、自信はついてくるものではないでしょうか。それは運を育てることにもつながってきます。

裏切られたり、傷ついたりして立ち止まったり、夢の軌道修正をしなければならないことがあるかもしれません。自分の才能の足りなさに気づいて投げたくなることもあるでしょう。そういうつらいときにこそ、占いを使って、もう一回、立て直せばいいのです。打ちのめされても、もう一回、と、あきらめないで、起ちあがってほしいと思います。

わたしはたまたま若い頃から、占いにくわしかったのが幸いでした。それがいちばんよかったのは、しなやかになれること。人生の荒波の過ごし方、乗り越え方が柔軟になりました。

人から裏切られても、少し経つと、自分で占って、「こういうことだったんだ」「裏切られてよかった」と思えることもありました。

そういうしなやかな考え方ができるようになったのも、占いのおかげです。

じつは、占いが自分にどれだけ力をくれているかに気づけたのは、ごく最近になってからです。

還暦になってわかった師匠の教え

だから、最近では、運気にしなやかでいられるようにアドバイスできるようになりから、みんなにもっと上手に伝えられたのにと思うこともあります。

思い起こせば、わたしの占いの先生は、そういうことを一所懸命教え、諭してくださっていました。でも、自分の身を削って得たことでないと、なかなか理解できなかったのです。

ようやく気づいたのはこの今の周期に入ってからでしょうか。12年の周期を5周分。わたしは5周が終わったところで、6周目に入ろうとしています。

ほんとうは運がいいあなたへ

この本を手にとってくださったあなたは、なにかにつまづいたり、気がかりなことがあって、なんとか運気を上げたいと願う人かもしれません。いま、すごくつらくて、つらさのど真ん中かもしれないし、もうすぐ抜け出そうしているのかもしれません。

この本を読んで、そのつらいできごとに、「こんな意味があったんだ」と明るく前を向けるようになったなら、占い師としてこれほどうれしいことはありません。

占いは運気の波を知り、それにそなえたり、なにかに挑んだり、なにかを始めるきっかけにもできます。

運には締め切りがある。わたしにそれを教えてくれるのが占いです。

ほんとうは運がいいのに、波にのりきれていないあなたにこそ、占いを使いこなしてほしいと心から願っています。

中園ミホの12周期年表

わたしの半生を、12周期の星まわりとあわせてまとめてみました。年齢は数えで記載していますので、誕生日を過ぎた時点のものです。テレビの連続ドラマの脚本は、3～4か月前から書き始めることが多く、1～3月に放送の場合、前年に「苦しみながら書いていた」ということになります。答え合わせをすると、運気が上がったり下がったり、活動が充実していたり苦しかったり……。12周期と微妙にリンクしているのかな、とも思います。

西暦	周期	年齢	主な出来事	手がけたドラマ（放送月）	当時の状況
1976	逢魔	17			
1977	空亡	18			母が病に倒れ、看病の一年。
1978	未明	19	大学入学。母、死去		いま思えば、まさに空亡期の出口に母が亡くなる。母の死にも、意味があったような気がする。
1979	胎生	20			母の友人だった、占いの今村先生のところにアルバイトに行く。
1980	童幼	21			遊んでばかりいて、まるで勉強せず。
1981	縁起	22			マスコミなど十数社の試験を受けるが、全敗。
1982	衰勢	23	大学卒業、代理店に就職		親戚の伝手でなんとか小さい広告代理店に潜り込む。同僚の代理で「シナリオ講座」に参加。
1983	極楽	24	退職、占い師に		今村先生のもとで本格的に占いを勉強する。アシスタントとして資料作成などを行う。
1984	餓鬼	25			代理で占うことも増え、占い師として一本立ち。競馬の予想を占いでして、大穴を当てることも。
1985	回帰	26	失恋 / 脚本家を目指す		失恋の相手は脚本家。同じ職につけばまた会えるかもと、国会図書館に通って脚本を勉強。
1986	天恵	27			占い師をしながら、脚本を書き写す日々。
1987	老熟	28	脚本家デビュー		占い師を辞め、脚本家としてやっていくことを決意。必死で脚本を書き上げ採用される。
1988	逢魔	29		ニュータウン仮分署（1～4月）	降るように仕事が舞い込むが、実力がともなわず苦しかった頃。
1989	空亡	30			セクハラやパワハラにあいつらい日々。
1990	未明	31			『世にも奇妙な物語』会議にメンバーとして参加。才能ある仲間や制作スタッフ陣に刺激を受ける。
1991	胎生	32			連続ドラマのサブライターをするが、締切がつらくてたまらない。向いていないかもと悩む。
1992	童幼	33		君のためにできること（7～9月）	メインライターでの依頼があっても断り、連続ドラマから逃げ回る。
1993	縁起	34	出産	白鳥麗子でございます!（1～2月）	未婚の母になる。いっさいの迷いが消え、自分のことも好きになる。
1994	衰勢	35			しんどい連続ドラマの仕事をはじめて引き受け、挑戦する。シングルマザーが主人公。
1995	極楽	36		For You（1～3月）	二人のベビーシッターさんと息子を連れて、バリ島にご褒美旅行も。仕事が殺到する。

西暦	周期	年齢	主な出来事	手がけたドラマ（放送月）	当時の状況
1996	餓鬼	37		Age,35 恋しくて(4～6月)、Dear ウーマン(10～12月)	子育てと仕事に追われる。
1997	回帰	38		不機嫌な果実（10～12月）	「不機嫌な果実」のドラマ化で林真理子さんと知り合う。小さなマンションを購入。
1998	天恵	39		ラブとエロス（7～9月）	次々とラブストーリーの仕事が舞い込む。
1999	老熟	40		恋の奇跡（4～7月）	来年以降放送のドラマのオファーが殺到。
2000	逢魔	41		恋愛中毒(1～3月)、20歳の結婚(7～9月)、やまとなでしこ(10～12月)	とにかく多忙。
2001	空亡	42		氷点2001(7～9月)、スタアの恋(10～12月)	多忙すぎて、このあたりのことはあまり覚えていない。
2002	未明	43		ぼくが地球を救う（7～9月）	恋愛もの以外のオファーに初めてチャレンジ。
2003	胎生	44		ハコイリムスメ!（10～12月）	仕事が軌道に。映画『男と女』の舞台、ずっと憧れていたフランス・ドーヴィル海岸を訪れる。
2004	童幼	45		南くんの恋人（7～9月）	映画の脚本にも初めて挑戦。翌年『東京タワー』が上映されヒット。
2005	縁起	46		anego(4～6月)	林真理子さんの『anego』を脚色した時、丸の内OLさんを取材。『ハケンの品格』の着想を得る。
2006	衰勢	47		プリマダム（4～6月）	派遣さんたちの取材を重ねる。初めて自分から企画をテレビ局に直談判。「絶対に当てますから」
2007	極楽	48	放送文化基金賞受賞	ハケンの品格（1～3月）	橋田壽賀子先生を見習い、水泳を始める。得意なのはバタフライ。
2008	餓鬼	49	放送ウーマン賞2007受賞	OLにっぽん（10～12月）	徹底的に取材して脚本を執筆する、「取材の中園」と言われるスタイルはこの頃から。
2009	回帰	50		コールセンターの恋人（7～9月）	「アジアドラマカンファレンス」に参加し、海外のドラマスタッフと交流。日韓合作ドラマにも挑戦。
2010	天恵	51		ナサケの女～国税局査察官～（10～12月）	後に『ドクターX』につながる、米倉涼子さん、内山聖子プロデューサーとの初仕事。
2011	老熟	52		下流の宴(5～7月)、専業主婦探偵(10～12月)	取材を重ね、医療ドラマを初めて手がける。『ドクターX』の企画を着想したのもこの頃。
2012	逢魔	53		はつ恋(5～7月)、ドクターXシリーズスタート(10～12月)	朝ドラの執筆依頼をいただく。執筆に追われ、多忙を極める。
2013	空亡	54	橋田賞、向田邦子賞受賞	ドクターX（10～12月）	寝ても覚めても連ドラの執筆。激務の日々。
2014	未明	55		花子とアン(4～9月)、ドクターX(10～12月)	講演で各地を訪れ、世界が少しずつ広がる。
2015	胎生	56	東京ドラマアウォード受賞	Dr.倫太郎（4～6月）	林真理子さんと沖縄の霊木に「ふたりで大河ドラマをできますように」とお願いする。
2016	童幼	57		トットてれび(4～6月)、ドクターX(10～12月)	大ファンだった『徹子の部屋』に出演。大河ドラマの依頼を引き受ける。取材、打合せ、執筆の毎日。
2017	縁起	58			最終回を書き上げるとタバコの匂いが。西郷隆盛も大久保利通も愛煙家だったという。不思議体験。
2018	衰勢	59		西郷どん（1～12月）	講演に呼ばれ、全国各地を飛び回る。
2019	極楽	60		ドクターX（10～12月）	占いサイト「中園ミホ 解禁!女の絶対運命」を始める。好評でうれしい。
2020	餓鬼	61		ハケンの品格（4～6月）	絶賛執筆中。

あなたの年表を作りましょう

いいことも悪いことも、12年単位で入れ替わる。運気の流れについて、わかっていただけたでしょうか。

いま自分が、どの周期にいるのか、来年、再来年はどういう周期がやってくるのか、意識しておくことは、人生設計に役立ちます。27ページで調べた自分の周期を左の表に当てはめて、あなた自身の年表を作ってみましょう。

年表の作り方

誕生日が1973年5月7日の場合、25〜26ページの生年月日表から調べた運命数は「33」。27ページの図では、上から8番目の周期になります。今年2020年は〈餓鬼〉ですから、左の表の〈餓鬼〉のところに、2020と書き込みます。続けて、下に年号を書き込んで行くと、2026年〈未明〉で終わります。2027年は、頭に戻って、〈胎生〉のところに書き込みます。こうすると12年後の2031年までの流れがわかります。

基本の運勢に加えて、中園ミホ流のアドバイス「この時期心がけること」をつけました。参考にしてみてください。

あなたの年表

西暦	周期		基本の運勢	この時期心がけること
	胎生	始まりの時	種まきの時期。厄を乗り越え全ての面で新しい事を始めるのに最適。この時期始めたことは大きな実りに。	やりたいことには迷わずトライ。動かぬは凶。いい出会いも期待できる。
	童幼	始まりの時	幼い子供が倍に成長するような時期。運気上昇開始。ただし環境の変化で折れてしまうひ弱さも。	外出して世界を広げることが大切。勉強や練習に励むとき。打算は×
	縁起◉	始まりの時	幸運期・福寿縁。今後の基本的な運気を決定づけ方向が決まるかなり重要な時期。	チャンス到来。何事も受け身は×。結婚、起業・転職もうまくいく。
	衰勢	育つ時	小さな厄時期。胎生以来成長した運気のウミを出す時期。これまでの強い運気で頑張った結果、疲労が蓄積している。	一度立ち止まってしっかり休むこと。人間関係のトラブルにも注意。
	極楽◉	育つ時	12周期の中での運気は最高潮の福寿縁。自分が考えが思うように進み、目的を達成できる。	何事にも積極的に。一気に勝負をかけるのが得策。目先の判断は×。
	餓鬼	育つ時	小さな厄時期。福寿縁から一転して運気が下がる。人によっては精神的トラブルに見舞われることも。	休養を心がけること。判断力が鈍りがち。決断は先延ばしがベター。
	回帰	実りの時	再び運気が上昇する第2の出発点。今まで上手に歩んで歩んできた人はここでもう1度種まきができる。	過去の失敗をやり直すとうまくいく。再婚やヨリを戻すにはいい時期。
	天恵◉	実りの時	着実に歩んできたなら、必ず実りが得られる。富が入ってくる時期で、お金に恵まれる絶好の機会。	実りを感じられない場合はこれまでの見直しを。夫婦仲良く。散財は×。
	老熟	実りの時	これまで歩んできた成果を収穫し、厄の運気に備える。回帰→天恵とつかみ取った幸運が安定する。	後半の過ごし方が大事。この後待ち構えている「厄」が見えることも。
	逢魔	準備の時	厄の時期に突入、我慢の時・空亡期。運気が急速に衰えはじめるので油断は禁物。突然失意を覚える出来事が到来。	逆らわず、受け入れること。結婚は要注意。転職は現状維持が無難。
	空亡	準備の時	空亡期。厄時期ど真ん中すべてがカラまわりで八方塞りに。苦しくても抗わないこと。	とにかく焦らないこと。地道に宿題に取り組めばいい。恐れることはない。
	未明	準備の時	長く続いた厄時期もようやく終わりに。これ以上悪くなることもないので、その意味では明るい兆しが。	過去にしかみつかず、新しい季節を迎える準備を。落ち着きを大切に。

＊グレーの部分が「空亡期」、◉マークは「福寿縁」

中園ミホ
運命星
オリジナル占い

自分の持って生まれた資質を知っておくと、
運気と付き合うのがラクになります。
基本の性格、恋愛と結婚、仕事とお金。
３つのテーマで占いました。
（自分の運命星は24ページで調べられます）

木

Ki

のあなた

正義感が強く、誰からも信頼される存在。社会全体から必要とされ、貢献できる人物になるでしょう。

基本の性格

真っすぐな心を持ち、常に成長を目指すのがあなたの特徴です。ルール違反や人を出し抜く行為など、ズルいこと、曲がったことは大嫌い。また、サボりや油断で、仕事や学問、習い事をおろそかにするのも許せないところがあります。正々堂々の姿勢とやり方で一歩一歩前へと進んでいくしっかり者ですね。

そのため、まわりからの信頼は抜群です。学生時代から一目置かれ、リーダーにと推されることも少なくなかったのではないでしょうか。また、友人や後輩から相談を持ちかけられることも多いでしょう。皆から頼られる人望の厚さもあなたの長所ですね。

一方、その強い正義感が、苦労や挫折のきっかけになることも。特に若い頃には、世間ずれしていないあなたの正論が、世慣れた目上の人々から嫉妬の対象となる場合もあるでしょう。また、実力以上の高い理想を掲げるあまり、失敗してしばらく立ち直れないことも考えられます。

それでも、あなたは決して負けることはありません。壁にぶつかるたびにより強さを身に付けながら、大きく成長していきます。やがては家族や友人たちだけでなく社会全体から必要とされ、貢献できる素晴らしい人物となっていくでしょう。

恋愛と結婚

あなたの恋愛傾向を一言で表すなら、優等生の恋です。好きになったらその人一筋ですし、気を惹こうとしてテクニックに頼ることはありません。正々堂々ぶつかっていくため、相手にはやや不器用に映ることがありますが、それが異性の目には魅力的に映ることも多いでしょう。

そんな真っすぐな想いにきちんと応えてくれる、純粋で誠実な人があなたにはぴったり。浮気や不倫などもってのほかという、いわゆる生真面目なタイプがいいでしょう。対話を心がけ相手を尊重したら、安定した交際が期待できるだけでなく、結婚後も信頼関係を保ち温かな家庭が築けます。

また、あなたが望むなら家庭と仕事との完全な両立が可能。結婚後も向上心を持って仕事も趣味も取り組むことで、さらに成長し毎日が充実していくでしょう。あなたの価値観を共有でき、また、臨機応変にサポートしてくれるパートナーを選ぶ審美眼を、今から身に付けるよう心掛けて。

仕事とお金

常に成長を望む姿勢が、あなたの仕事における才能です。ひとつの技術、業務をこなせるようになったからといって安心せず、「もっと深く学びたい」「さまざまな業務を担当してみたい」と、すぐ次へと目を向けていきますね。毎年始めに、「今年はこの課題をやり遂げる」と目標を立てて行動することも多いのではないでしょうか。

あなたの才能を生かすには、ルーティンワークを繰り返す部署ではだめ。多様な業務に関わることができ「日々勉強だ」と感じられる職務がいいですね。また、学問への意欲を満たすなら、経理、会計など専門知識を深められる業務もおすすめ。向上心も満たされ、仕事へのモチベーションも保たれます。

金運は大変好調です。定年まで勤め上げ、納得のいく退職金を得ることができるでしょう。老後の心配は一切いりません。ひとつだけ注意してほしいのは、知人からの借金の申し込みです。どんなに親しい相手でも、一筆書いてもらいましょう。

草

Sou

のあなた

穏やかで優しい印象ですが、実は芯の強い実力派。社会的成功も温かい家庭も手に入れられます。

基本の性格

あなたほど、第一印象と本当の性格とのギャップがある人はそういないでしょう。穏やかで優しく、協調性を大切にするのが表向きのあなた。人から頼まれるとNOと言えなかったり、目立つのを嫌って裏方に徹したりするところがあります。そのため、大人しい人、消極的な人と思われることも少なくありません。

けれども、本当のあなたはとても強い人。そして努力の人でもあります。一度「こう」と決めたらどんなに時間がかかってもやり遂げますし、大きな障害にぶつかっても、簡単に自分の信念を曲げることもありません。なかなか理解されなくても諦めずに説得し続け、うまくいかなければ、世間の流れが自分に味方するまでじっと待つこともいとわない粘り強さも兼ね備えていますね。

また、キーマンを見極めて距離を縮め、その人を通じて自分のアイデアを広めることで場を支配する技にも長けています。実力者のサポート役となって可愛がられ、技術も地位も譲られることも珍しくありません。

若い頃はあまり目立たないため、侮られることもあるでしょう。けれども、持ち前の強さで年齢を重ねるごとに社会的成功も、温かな家庭も手に入れていくのです。

恋愛と結婚

あなたのタイプはずばり受け身です。これまでの交際で、自分から告白したことはほぼないのではありませんか? 相手から告白されるまで待つでしょうし、もしも相手にその気がなさそうなら、気持ちを確かめずにそっと諦めたこともあったかもしれません。

　確かに、愛する以上に愛されるのが、あなたにとって最も幸せな恋愛です。頼りがいがある恋人に守られ、引っ張っていってもらうお付き合いが合っています。加えて、あなたの才能に惚れ込み、さりげなくサポートしてくれるなら言うことはありません。

　こうした人物なら、あなたの結婚相手としてもぴったりですね。サポート力のあるあなたなら、パートナーを支えて家庭中心の生活を送るのにも向いています。加えて、あなたの仕事や趣味に理解があるパートナーなら、家事など家庭の用事も協力し合い、充実した結婚生活となるはず。また、活躍を続けるあなたを誇らしくも感じてくれるでしょう。

仕事とお金

　特殊技能に秀でるのがあなたの特徴です。学生時代から、勉強課目とは別に学んだり、さらに深めたりしていた分野があるのでは？たとえば、数学などではカバーしない簿記や、英語以外の語学に興味が湧いて自主的にスクールへ通ったり、参考図書を探して自主的にスキルアップに取り組んだり。

　こうした傾向は仕事で大きく花開きます。どんな業務を任されても、それ以上の専門知識・技術を取得していく向上心と能力が備わっているのですから。

　そんなあなたに向いているのは、特殊なスキルを生かした業務です。たとえば、経理や法務などがあげられます。興味があるなら、会計士や税理士などを目指しても成功するでしょう。自分の知識を社会で役立てることにやりがいを感じるに違いありません。

　金運は年齢を重ねるごとに上昇していきます。着実に地位を固め給与アップしていくでしょう。さらに、自らの知識を生かす仕事に就けば、生涯現役で活躍するのも可能です。

太陽
Taiyo
のあなた

生まれながらに華やかな雰囲気を持ち、人気運は上々。多くの出会いに恵まれ、家族との関係も良好です。

基本の性格

あなたは細かいことを気にしない、とても大らかな性格です。ちょっとミスをしても「すぐ取り戻せる」「次があるさ」などと、前向きにとらえます。また、生まれながらに華やかな雰囲気があり、まわりの目を引くのもあなたの特徴。困ったことがあれば、仲間たちが「どうした？」と手を差し伸べてくれることも、あなたのなんとかなる精神を後押ししています。

朗らかなあなたですから、人気運は上々です。老若男女問わず付き合えるので、自分自身でも人に恵まれていると感じることも多いでしょう。またあなたを中心にして、ギスギスしていたグループがいい雰囲気になり、ムードメーカーとして重宝されます。その一方でひとりになると急に不安になってしまうことも。さみしいのはわかりますが、特定メンバーでべったりしたり、誰彼構わず連絡したりせず、人との距離感はほどほどに。

こうした傾向は幼い頃からずっと続いているのでしょう。年齢を重ねても、皆でわいわい過ごすのは変わりません。年齢を重ねても多くの出会いに恵まれるのはもちろん、家族との関係も良好。さらに、近所の人々などとのコミュニケーションが、あなたの人生を色鮮やかなものにしてくれます。

恋愛と結婚

朗らかで友人の多いあなたは出逢い運が抜群。ひとつの恋が終わっても、すぐ気になる相手が現れたり、異性の友人から「実はずっとあなたが気になっていた」と口説かれたりすることも多いのではないでしょうか。

また、好きな相手には堂々と愛情表現するのも、あなたが異性から人気のある理由ですね。好かれてお付き合いすることが多いものの、あなたからもしっかり相手に尽くすのです。

ただし、モテるからこそ相手選びには気を付けなければなりません。不誠実なところがあるとわかっていても「変わってくれるかも」と受け入れると痛い目を見る場合も。あなたには寂しがり屋なところがありますから、恋人と別れた直後は注意が必要です。

結婚すると、あなたは笑いの絶えない家庭を築きます。たびたび友人夫婦を招いて家族ぐるみでお付き合いすることもありそう。楽しみも喜びも二倍になる、幸せを絵に描いたような家庭生活を送るでしょう。

仕事とお金

明るく裏表のないあなたは、職場でも相手の信用を得るのが得意です。かなり目上の人物や初対面の相手でもフレンドリーな態度で話しかけて懐に飛び込み、趣味などの話題で一気に意気投合することも多いでしょう。

そんなあなたですから、人と接する業務で大いに活躍します。窓口などでのクライアント対応や営業などに適正があります。金融・広告業界もいいですね。また、部署内のチームワークをアップさせるのも得意。飛び抜けた才能を持つものの、一癖あるメンバーたちが集まるプロジェクトなどでも、あなたなら皆の橋渡しができます。その力を買われ、早くからマネジメント業務に就くこともあるかもしれません。

こうした仕事運のよさと比例するように、財運も生涯を通じて上々です。人付き合いが多いあなたですから社交活動での出費は多くても、出ては入ってきてを繰り返し、うまく乗り切ります。しっかり稼いで、老後も難なく過ごせます。

灯

Akari

のあなた

落ち着いた佇まいですが、実は強い情熱を秘めた努力家。陰での頑張りが光り、多くの信頼も集めます。

基本の性格

穏やかな佇まいの中に、強い情熱を秘めているのがあなたの特徴です。周囲からは「大人しい人」「穏やかなタイプ」と見られ、親しみやすく話しやすい人として好かれていますね。ちょっと人見知りをする人でも、あなたとは比較的早く打ち解けられたと感じているでしょう。その落ち着いた佇まいで、大勢の人から信頼を寄せられています。

そのため、のんびりした人と見られることも多いですが、本当のあなたは大変な努力家。退社後に知識を深め能力を磨いたり、皆が忘れがちな作業を地道にこなし環境を整えたりと、陰での頑張りが光ります。ときには、自分の用事を後回しにして、友人や家族、同僚のサポートに回ることもあるでしょう。細かいところに目が行き届き、よく気の付くのもあなたの長所です。

ただ、あまり根を詰めるとストレスをためてしまいます。ちょっとしたことが引き金となって感情を爆発させ、皆を驚かせてしまうこともしばしばのはず。

せっかく築いてきた信頼関係をこんなトラブルで失うなんてもったいないですね。趣味やスポーツなどでガス抜きしたり、親しい友人に話を聞いてもらったりして気持ちをコントロールするのがおすすめです。

恋愛と結婚

あなたの恋愛傾向を一言で表すなら気まぐれ。基本的には相手からアプローチしてくるのを待ちますが、突然気持ちが高ぶって積極的になることも。かと思えば、急に気持ちが冷めてさっと身を引き、相手を混乱させることも。

そんなあなたを温かく見守り、いい意味でコントロールしてくれる人があなたにはぴったりです。具体的には、年の差があり余裕のあるタイプが相性抜群。あなたの気がコロコロ変わってもうまくいなしながら、機嫌をとってくれる異性が理想的。さらに、無理をしがちなあなたの様子を察して、ストレス解消させてくれる人なら言うことありません。

また、サポートしてくれるタイプは、あなたを結婚後も幸せにしてくれる可能性が大。家庭を持っても、趣味や仕事に集中したいときに、察してくれる素晴らしいパートナーとなります。結婚後はどんなときもめげずに長年連れ添うことで、あなたの気性も徐々に穏やかになっていきますよ。

仕事とお金

あなたは組織やグループの中で、周囲の人々を支える能力に長けています。知識が豊富で、細かいところによく気が付くあなたはサポート役にぴったり。雰囲気がギスギスした職場でも、あなたの取りなしでいい方向へと導かれるでしょう。

こうした力は秘書や銀行員、公務員に最適です。また会社でサブリーダー役として活躍するのもいいでしょう。特に細かいことや事務作業は後回しにしてしまうような大雑把な先輩・上司にとってあなたは有能な右腕候補。また、あなたの機転の利いた働きによって、その人物を出世させることができます。能力の高い人物を見極め、率先して支えれば、ゆくゆくはその人のはからいによって、あなたもまた確固たる地位を築くことになるかもしれません。

また、金運は堅調です。慎重で金銭感覚に優れているので心配しないでいいでしょう。優れたリーダーに恵まれれば年齢を重ねるごとに出世できるので、順調に収入も増えていきます。

山
Yama
のあなた

包容力があってマイペース。どんなことがあっても慌てないので、まわりの人が心の支えにしています。

基本の性格

大らかで穏やかなのがあなたの特徴。ちょっとしたもめごとや批判くらいなら全部笑って許してしまう気持ちの大きなところがありますね。さらに、包容力があってとてもマイペース。強い信念の持ち主でもあり「こう」と決めると、その方向を変えることはまずありません。

そのため、周囲の人々が慌てふためくような状況に陥ってもあなただけはどこ吹く風。自分のやり方を変えたり、スピードアップしたりすることはほとんどありません。淡々と、それまで通りのやり方を貫き通すでしょう。

また、友人や仲間たちのせいでトラブルに巻き込まれ、大変な目にあったとしても気にしません。「気にしてないよ」とすぐに許してしまいます。強く優しく、そしていつもどっしりと構えたあなたを、周囲の人々は密かに心の支えとしているに違いありません。

そんなあなたですから、反対にスピーディーな判断や行動を求められるのは苦手です。そのせいですぐにつかまなければ立ち消えになるチャンスを逃したことが、これまでに何度もあったのではないでしょうか。自分のペースを守るのもいいのですが、「ここぞ」というときには、状況や相手の速度に合わせることも必要です。

恋愛と結婚

受け身でありながら、実は主導権を握るタイプです。気になる異性が現れると、さりげなく接近してたびたび声をかけたり、控えめにサポートしたりして気持ちを引き付けます。一緒にいるだけでほっとできるあなたの雰囲気と、自分に対して特別親切な様子に参らない異性はいません。いつしかあなたのことで頭がいっぱいになり、告白せずにはいられなくなるのがいつものパターンです。

その流れに乗って、結婚後はうまくパートナーを操って家事分担を快く約束させるのも可能。ふたりで協力し合って、穏やかで安定した家庭を築きあげていきます。パートナーはあなたの手のひらの上で転がされていると知りつつも、それが心地よく感じられるのです。

恋愛でひとつだけ注意してほしいのは、無意識に押しすぎること。特に、相手から好意が感じられるようになってきたときが危険です。「もう一押し」と意気込んで、しつこくしないよう注意しましょう。

仕事とお金

あなたは人一倍美的センスに優れています。普段から服装や髪形にはこだわりがあるのではないでしょうか。流行も取り入れつつ、自分なりに工夫しているに違いありません。

その力を仕事でも生かさないのはもったいないですね。適した業界をあげるなら、アパレルや美容関係などでしょうか。また、食に興味があるならレストランなどの飲食関係もいいでしょう。あなたの興味と感性がくすぐられる事柄に関わるのが成功への近道です。

一般企業に勤めている場合にも、あなたの感性に訴えかける事柄を扱うサービスや商品を提案することで注目を集められるでしょう。

お金に関してはしっかりと管理するほう。目標を立てて貯蓄し、マンションや土地などの不動産を手に入れるため、しかるべきタイミングで大きく使うタイプです。

一方、親しい人から借金を申し込まれると断れない面もあります。大金なら、もめごとを避けるため一筆書いてもらったほうがいいですね。

畑 Hatake のあなた

おもしろいと思ったことにはどんどん挑戦。そんな努力が報われ、仕事も趣味も人間関係も充実します。

基本の性格

どんな相手も、また、環境や価値観も受け入れていく柔軟な思考力があなたの特徴です。「これもやってみたい」「その考えかたは面白い」と、先入観や苦手意識を持つことなく、何でもどんどん吸収していきます。しかも、なんでも器用にこなすため、技術も学問もすぐ習得できるのがあなたの強み。仕事でも習い事でも、同期たちの一歩先を行くでしょう。

また、人間関係も良好ですね。ちょっとした話も興味津々な様子で聞いてくれる気さくさには、誰もが好感を抱いています。年齢性別を問わず、多くの友人に恵まれていることでしょう。ときに慎重になりすぎることもありますが、皆の後押しがあれば思い切った行動にも出られるはず。迷ったときには皆の力を借りましょう。

また、年齢を重ね、知識も経験も吸収しきったところで、自分なりの信念を完成させるのもあなたの特徴。あれもこれもと手を出し過ぎて器用貧乏になってもいけませんが、さまざまな経験は確実にあなたを成長させてくれます。若いうちは何ごとも挑戦と思って、新しい分野にどんどん進出してください。努力すればするだけきっと報われ、仕事も趣味も、そして人間関係も充実したものになっていきます。

恋愛と結婚

あなたの恋愛傾向は、究極の受け身です。来る者拒まず去る者追わずを地でいくタイプ。実際、これまでのお付き合いは相手からのアプローチで始まったことがほとんどでしょう。また、恋の終わりはたいてい自然消滅や、いつの間にか友人に戻っているパターンではないでしょうか。

相手の心に寄り添うあなたはいわゆる癒やし系。一緒にいると、男性はつい甘えてしまいたくなるのです。けれども、本当に惚れ込んだ相手まで簡単に手放してはいけません。運命を感じる男性とお付き合いへ発展したら、しっかりと絆を深めましょう。女性としての魅力を強調するため、イメージチェンジなどでどきりとさせるのも効果的です。

思いやりあるあなたですから、結婚後は家族に尽くす理想的なパートナーとなります。だからこそ、意識して仕事や趣味など、やりたいことに取り組める環境は死守してください。あなたの意志を尊重し、甘え過ぎないパートナー選びが重要です。

仕事とお金

知識、技術の吸収力が人一倍高いあなた。さらに、たいていの業務ならそつなくこなせる器用なところもありますね。普段「難しい」と敬遠する業務も、コツコツ取り組み難なく処理していたに違いありません。そんなあなたですから、どんな業界・職種でもやっていけます。特に向いているのは、ベンチャー企業や土木建築関係、また技術を生かした仕事です。

だからこそ、あなた自身のやる気が最も重要なのです。いつかチャレンジしたい職種や業務があるなら、思い切って飛び込んでみてください。あなたならすぐ必要なスキルが身に付くはず。そして、好きなことなら、深く掘り下げその道のプロとして成長していくでしょう。

自分にぴったりの仕事が見つかるまで、何度か転職を経験するかもしれません。「これ」という仕事が見つかれば、長く着実に続けて成果に結びつけられます。派手に使わず貯蓄もしっかりできるので、年を重ねるごとに金運も安定していくでしょう。

金

Kin

のあなた

即断即決、すぐに実行に移す行動力の持ち主。負けず嫌いがモチベーションとなって、成長を遂げます。

基本の性格

あなたは強い信念を持つ、即断即決の人です。「どうしようかな」と迷うことはほぼなく、その場でぱっと決定します。その上、決めたらすぐ行動に移すのもあなたの特徴。友人たちと出掛ける相談をしているそばからあちこちに問い合わせ始めたり、仕事でも、会議中に同時進行で情報収集したり、関係部署にアポイントを取ったりすることもあるでしょう。

また、負けず嫌いなのもあなたの大きな特徴のひとつですね。幼い頃から、「あの人にだけは負けない」「いつかあの人に勝つ」という気持ちがモチベーションになることが多かったのではありませんか？　そうしていつしかライバルたち以上の成長を遂げてきたに違いありません。

こうした姿勢が敵を作りやすいのも事実です。面倒なトラブルを回避するため、感情をコントロールする方法を身に付けるのが必要不可欠。謙虚な立ち居振る舞いもあなたを守ってくれるでしょう。

特に若い頃は、目上の人ににらまれると面倒です。できるだけ穏やかに接するよう心掛けるのが無難。ただし、何ごとにも真っすぐなあなたを気に入る先輩も中にはいるでしょう。理解者を探し味方になってもらえば行動しやすくなりますよ。

恋愛と結婚

あなたはいつも直球勝負。テクニックを駆使してからめ手から相手の心をつかむ、なんてこそこそした真似はしません。気になる相手が現れると、自分からはっきりと「付き合ってほしい」と告白することも多いでしょう。言葉にしなくても、表情やしぐさから本気度が伝わり、いつしか相手の方がその気になることも多いですね。

ただし、プライドからまわりの異性に対してネガティブな感情を露わにするのは控えましょう。相手を怯ませる効果はありますが、意中の相手に「かなり強気」との誤解を与えかねません。

また、結婚に結びつく人は心から尊敬できる人を選びます。仕事や趣味でまわりから一目置かれている人物や、マニアックな知識を持っている人が、あなたを幸せへと導いてくれるベストパートナー。その人に相応しい存在でいられるようにと、仕事も趣味も独身時代以上に頑張ります。優秀なパートナーなら、あなたのサポートも買って出てくれるでしょう。

仕事とお金

あなたは組織に新しい風を吹き込む変革者。疑問を感じるとそのままにできず、無駄の撤廃を訴えたり、より効率的な作業方法を提案します。よりいい方法を模索し、即行動に移す大胆さがあなたの長所。また、ちょっとやそっとでは諦めない心の強さも、物事を変える大きな原動力になります。

この力は、どんな職業や業種でも大変重宝されるでしょう。特に、風通しのいい外資企業は向いています。商社や住宅、食やファッション関連の会社は最適です。旧態依然とした会社、組織ではなかなか考えを受け入れられずに苦労することもあります。ただし普段の業務に加えて、重要な役割や職務を与えられ、最終的に勤め先の改革を成し遂げるに違いありません。

このように優れた仕事能力を備えたあなたですから、要職を任されるのは間違いありません。将来的には要職を任されることとなり、高報酬を得るでしょう。損得勘定がしっかり備わっているので、お金で苦労する心配はまずありません。

宝石
Hoseki
のあなた

「こうあるべき」という理想に対して努力を惜しまない。そのストイックさがまわりの人を魅了します。

基本の性格

こだわりの強さがあなたの特徴です。服装にしろ、仕事や学問しろ、あなたには「こうあるべき」という明確な理想があるのではないでしょうか。それを目指して日々努力しているに違いありません。自分に厳しい、ストイックなタイプとも言えるでしょう。

そんなあなたは、周囲から繊細でどことなく品のある人との評価を得ていますね。あなたが正しいと考え、実行している立ち居振る舞いや言葉選びは、どれをとっても洗練されたものなのでしょう。あなたを前にするとあふれる品格に圧倒され、背筋が伸びるような気持ちになる人もいるほど。後輩たちからは、憧れの人、手本とすべき人として尊敬されています。

そのせいか近寄り難いイメージがあるのも事実です。実際、周囲の人々に馴染むのには苦労しているのでは？ 広く浅くの付き合いはそつなくこなしますが、それ以上踏み込まれるのはあなたも苦手なはず。

ですから、できることならあなたのほうから声をかけてあげるのがおすすめです。恐縮している相手も、あなたから声がかかれば喜んで会話に応じてくれるでしょう。年齢を重ねると、目下の人の面倒を見る機会も増えるはず。それまでに慣れておくといいですね。

恋愛と結婚

繊細なあなたの恋愛はとにかく受け身。自分から気持ちを打ち明けるなんてとてもできないと考えているのではないでしょうか。なかなか関係が進展せずにヤキモキしても、とにかく相手の出方をずっと待つ、健気で辛抱強い姿勢があなたの特徴です。

けれども、これでは成就への道のりは長くなるばかり。勇気を出して素直に好意を伝えていく努力も必要です。顔を合わせたら必ず笑顔であいさつをする、目が合ったらすぐそらさないなど、ちょっとしたことでいいのです。普段あまのじゃくなあなたですから、ほんの少しの変化でも相手は心を躍らせるに違いありません。

ご縁があるのは、あなたの感性やこだわりを理解し、共感してくれる人。加えて、行動力と決断力を備えているとよりいいでしょう。「この人は他の人とは違う」そう感じたら、その直感を信じてください。一度心を許せばしっかり信頼関係を築けるので、結婚後は穏やかな家庭を築いていけるはずです。

仕事とお金

こだわりが強く几帳面なため、細かい作業や決して失敗の許されない業務に適性があります。たとえば、金融系や経理などお金を扱う業務などがあげられるでしょうか。ちょっとしたミスが多くの人に影響を与えるようなプレッシャーのある業務でも、あなたなら正確にやり遂げるはず。先輩や上司も安心して任せてくれます。

また、優れた感性を生かせば新たなブームの芽を見つけ出すのも可能です。普段の行動やネットサーフィンで「面白そう」と思えるものを見つけたらぜひメモしておいてください。まずは先輩や同僚などに相談するのがおすすめ。タイミング次第であっという間にかたちになり社内で注目の的となるでしょう。

苦労をいとわずやりたいことを突き詰められると、その道のエキスパートになれます。損得勘定がしっかりしている割に、自分がいいと思ったら高くてもつい買ってしまいます。お財布とよく相談し、優先順位を決めるのが大切です。

川
Kawa
のあなた

立場の違いを気にせず、誰ともフレンドリーに付き合えます。優れた共感力で頼りにされる存在です。

基本の性格

柔軟性があり社交的なのがあなたの特徴です。老若男女問わず、また、社会的立場の違いも気にせず、誰に対してもフレンドリーに接していきます。人の話をよく聞き、お世話も大好きなため、大勢から頼られ、慕われていることでしょう。グループの中心になりやすいためリーダーを任されることも多いのでは？ その際には、皆を引っ張っていくというより、皆の意見に耳を傾けて方向を決めていく、優れた統率者になります。

ただ、その柔軟性や優しさが災いして、相手の意見に流されすぎてしまうことも。特に、親しい友人や恋人の意見は「そうかもしれない」とあっさり受け入れることがあります。それが正しい場合もありますが、万が一間違いなら、人生そのものに影響を与える場合もあるでしょう。決断するときは、もう一度自分の心に問いかけるのが大切です。

このように、人に合わせるのが得意なあなたですが、本当は何にも縛られず、自由に生きていきたいという密かな願望があります。若い頃には仕事に人脈作りにとなかなか難しいでしょうけれど、年齢を重ねれば、付き合う相手ややりたいことを選べるようになっていきます。窮屈なのも、もう少しの辛抱ですよ。

恋愛と結婚

相手の好みや要望を読み取り、理想通りの女性像を演出できるのがあなたの特徴です。簡単なところでは、髪型や服装を工夫するなどがあげられます。さらに相手への理解が深まると、たとえば、家庭的な面をアピールしたり、同じ趣味に取り組み一緒に過ごす時間を増やしたりすることもあるでしょう。

つまり、あなたは「この人」と心に決めた人にとことん寄り添うタイプなのですね。交際後もその努力は変わらず、相手にとことん尽くします。そんなあなたに愛された人はこれ以上ないほど幸せ者と言っても過言ではありません。

ただし、結婚の際には、自分が尽くすばかりの相手を選ぶと自らの首を絞めてしまいます。本当は誰より自由を愛するあなたですから、常にパートナーに合わせた生活ではストレスがたまるはず。あなたが注ぐ愛情と同じ想いを返してくれ、あなたの趣味や仕事、ひいては生き方そのものを尊重してくれる心の広い異性を見定めてください。

仕事とお金

発想力豊かなあなたはアイデアの宝庫。「こんなサービスがあったら」とふと口にしたことが部署内で話題になり、新たな企画につながった、などという経験もあるのではないでしょうか。思いついたアイデアは信頼できる先輩や同僚に遠慮せず話してみてください。きっと面白がってあなたをサポートしてくれるでしょう。

そんなあなたですから、自分のアイデアや知略を活かせる職業、職種で頭角を現します。建築関係やお店のオーナー、大勢の人と関わる政治関係も向いています。ひとつの物を淡々と突き詰めるより、複数のサービスや変化のある職場のほうがいいでしょう。まわりの人に影響を受けるので一緒に働く人はとても大事です。人に合わせて自分を抑えていると感情がコントロールできなくなるので注意してください。

金運は趣味や社交活動に多くの出費を割く可能性が大。景気よく使ってしまう前に、ある程度予算を決めて予定を立てるのがおすすめです。

霧 Kiri のあなた

コツコツと努力を続けた成果が、プロ顔負けの腕前となっていることも。大器晩成の言葉がぴったりです。

基本の性格

常に努力を惜しまない姿勢があなたの長所です。幼い頃からの習い事を今もコツコツ続けていたり、学生時代に取り組んだ勉強や経験を今も自分なりに深めていたりするのではないでしょうか。息抜きのために始めたさまざまな趣味でさえ、いつの間にかプロ顔負けの腕前となっていることも珍しくないはずです。

このように充実したあなたの世界を、他の人に見せない奥ゆかしさ、謙虚さもまた、あなたの特徴です。そのため、周囲の人々からは「大人しい人」「物静かな人」と思われ目立たない存在となりがち。ごく親しい人はあなたの輝くような才能も、ピュアな人柄もよく知っていますが、引っ込み思案のあなたが嫌がるためアピールしづらいのです。友人たちは、皆歯がゆく感じていることでしょう。

ただし、年齢を重ね立場が変わると、自然と後輩たちを指導する機会が増えていきます。そこで初めて、大勢の人があなたの知識や才能に気付き、注目が集まる可能性が大。あちこちからアドバイスを求める声がかかり大忙しとなるなど、状況は一変します。この流れは、まさに大器晩成の言葉がぴったり。自分の世界でのんびりできるのは若いうちだけかもしれませんね。

恋愛と結婚

あなたの恋愛傾向は、一言でいうと、控えめなタイプです。そしてとても初々しいところがありますね。たとえば、意中の異性には気軽に声もかけられないのではありませんか？ それどころか、そばにいるだけで緊張に耐えられなくなり、そっと離れることもあるはず。相手から話しかけられても、うまく対応できず自己嫌悪に陥ることたびたびでしょう。

　こうした状況を変えるには、イメージトレーニングが役立ちます。「あの人に会ったら慌てずにまずあいさつしよう」「もしも声をかけられたら笑顔で話を聞こう」と心に決めて、その場面を想像するのです。何度も繰り返すうち、相手の前で自然と笑えるようになりますよ。

　そんなあなたにご縁があるのは、繊細過ぎるあなたを優しく包み込んでくれる人。また、あなたの学問や個性的なセンスに惚れ込み支えとなってくれる人でもあります。結婚後もパートナーのおかげで、趣味も仕事もより自信を持って深く取り組めるようになるでしょう。

仕事とお金

　頭脳や感性を生かした仕事に適性があります。たとえば、教師やクリエイティブ関連です。学ぶのが好きなら仕事に生かせる語学や資格を習得し、コツコツ努力して組織に貢献するのが可能。教えるのも上手ですから、後輩の育成でも手腕を発揮するでしょう。

　また、芸術的センスを生かし、資料作りに工夫を凝らしたり、プレゼンの演出を華やかにしてみたりするのもいいですね。強い印象を与えることができ高評価が得られます。趣味で創作活動をしているなら、力を入れることでいずれ副業に、そしてゆくゆくは本業にできるかもしれません。ネット上などで積極的に作品を発表してみましょう。

　金運はお金の使いかたに偏りが出る場合もあります。学問や趣味に惜しみなく資金投入し、生活費をぎりぎりまで切り詰める、なんてことがあるのでは？若いうちは自分への投資も大事ですが、引退後の生活のため、無理せず少しずつ貯蓄も進めていきましょう。

あとがき

この本を書くことになって、自分でも年表をつくってみて驚きました。わたしが母を病気で亡くした十九歳のとき、空亡期の出口でした。そんなこと、はじめて知りました。

「ああ、母がわたしの厄を持っていってくれたんだ」

そう思うと、涙があふれてきたのです。


どうか誤解なさらないでください。母が逝《い》ったのは寿命だったと思います。空亡のときには、思いがけない人生の宿題がでます。いま、ふり返っても人生のなかで、あのときがいちばんつらかった。父を十歳で亡くし、つぎは母。わたしには、そこから孤児として生きていくことと、この世にはどうしても治らない病気があるということなど、そういうすべてを学ぶことが、わたしの空亡期の宿題だったと思います。

あとづけかもしれませんが、あの空亡期の意味を40年余りの時空をこえて、ようやく知ることができました。

きっと、十九歳で母を亡くしてなかったら、あのつらさを知らなかったら、わたしはこうして脚本家にはなっていなかったでしょう。

そして、母の友だちだった占い師の今村宇太子先生が、母を亡くした哀しみで溺れそうなわたしを自邸に招いてくださり、占いの勉強を本格的に始めたのもこの年でした。

空亡というものは、ほんとうに不思議なもので、あとからふり返ると、ちゃんと人生の節目になっているのです。

わたしには毎朝、神棚と仏壇に手を合わせて、心のなかで唱えていることがあります。

「見てくださった方が元気になれるような作品が書けますように」

脚本家の道に進むことを決めたとき、今村先生はこういってわたしを送り出してくださいました。

「あなたが脚本家としてやっていくなら、『成功しますように』『視聴率がとれますように』と自分の目先の利益のためではなく、誰かをしあわせにするために、誰かのために書くことを神様に誓いなさい。そうすれば、願いは届く」と。
わたしは先生のこの言葉をずっとたいせつにしています。

これを書いている今、世界中で暗澹《あんたん》たるニュースが流れています。
この本を手にしてくださった方々が、元気になれますように。
どうか明るい明日を、しあわせな未来を信じられますように。
毎朝神棚にお願いしようと思います。

2020年4月

中園ミホ

中園ミホ
なかぞの・みほ

1959年東京生まれ。脚本家。日本大学芸術学部卒業後、広告代理店勤務、コピーライター、占い師を経て、TVドラマ『ニュータウン仮分署』で脚本家デビュー。2007年『ハケンの品格』で放送文化基金賞を受賞。2013年には『はつ恋』『Doctor-X 外科医・大門未知子』で向田邦子賞と橋田賞をダブル受賞。2014年にNHK連続テレビ小説『花子とアン』がヒットし、2018年には大河ドラマ『西郷どん』（林真理子原作）の脚本も手がける。2020年には13年ぶりの続編『ハケンの品格』がオンエア。

2019年より、公式占いサイト「中園ミホ解禁！女の絶対運命」を開始。

https://nakazono-miho.com/?m=book

占いで強運をつかむ

2020年4月23日　第1刷発行
2020年7月17日　第3刷発行

著　者　中園ミホ
発行者　鉄尾周一
発行所　株式会社マガジンハウス
〒104-8003 東京都中央区銀座3-13-10
書籍編集部☎03-3545-7030
受注センター☎049-275-1811

印刷・製本　株式会社光邦

ISBN978-4-8387-3089-6 C0095